엄마의 탄생

엄마의 탄생

초판 1쇄 인쇄 2015년 3월 11일
초판 1쇄 발행 2015년 3월 17일

지은이 KBS 엄마의탄생 제작팀
펴낸이 이재원

펴낸곳 선율
출판등록 2015년 2월 9일 제2015-000003호
주소 경기도 구리시 동구릉로 148번길 15
전자우편 1005melody@naver.com
전화 (070)4799-3024   **팩스** (02)332-4872
인쇄·제본 현문인쇄

값 15,000원   ISBN 979-11-954855-0-5   13590

* 잘못된 책은 바꿔드립니다.
* 이 책 내용의 전부 또는 일부를 재사용하려면 반드시
  저작권자와 선율 양측의 동의를 받아야 합니다.

KBS 엄마의 탄생

국내 최초 리얼 임신, 출산 버라이어티

KBS 엄마의 탄생 제작팀 지음

contents

prologue 2013년 가을, 새 프로그램의 탄생 • 006

1개월 • 010

굿뉴스! 임신입니다 • 011　이달의 아기는? • 012　이달의 엄마는? • 013　계산이 필요해! • 015　배란 테스트기 & 임신 테스트기 완전 정복 • 017　Q&A 이런 것까지 궁금해? • 021

2개월 • 026

심장이 뛴다! • 027　이달의 아기는? • 028　이달의 엄마는? • 029　최신 트렌드! SNS로 임신 사실 알리기 • 031　입덧을 잡아라!!! • 034　Q&A 이런 것까지 궁금해? • 038

3개월 • 044

10센치!!! • 45　이달의 아기는? • 046　이달의 엄마는? • 047　유산, 알자 피하자 지키자 • 049　왜 엽산~ 엽산 할까? • 052　Q&A 이런 것까지 궁금해? • 055

4개월 • 060

12주의 기적! 입덧 끝! • 061　이달의 아기는? • 062　이달의 엄마는? • 063　임산부를 위한 황금 밥상 • 065　뚝딱 레시피 • 073　먹지 마세요~ 예비 엄마들이 피해야 할 음식은? • 083　임신, 오해 혹은 진실 • 086　변비, 비켜~ • 088　임신 후 다가온 새로운 공포, 튼살! • 092　어머, 이건 꼭 알아야 해~ 보건소 완전 정복 • 095　Q&A 이런 것까지 궁금해? • 100

5개월 • 104

우리 아이가 커졌어요! • 105　이달의 아기는? • 106　이달의 엄마는? • 107　아빠가 만들어주는 셀프 태담기 • 108　임신부도 패셔니스타! • 110　임신 중 술은 절대 안 되나요? • 114　복잡한 태아보험, 이것만 알면 성공한다! • 117　Q&A 이런 것까지 궁금해? • 124

6개월 · 130

왔다 태동! · 131 이달의 아기는? · 132 이달의 엄마는? · 133 임신성 당뇨 탐구생활 · 135 즐거운 태동 놀이 · 145 Q&A 이런 것까지 궁금해? · 150

7개월 · 154

꽃보다 임신 · 155 이달의 아기는? · 156 이달의 엄마는? · 157 미리 만나는 아기, 입체 초음파! · 159 특급 미션! 역아를 돌려라 · 163 떠나요~ 셋이서~ · 168 엄마는 불편해 · 177 Q&A 이런 것까지 궁금해? · 184

8개월 · 188

아기 맞이 대작전 · 189 이달의 아기 · 190 이달의 엄마 · 191 우리 아기 서랍 정리! · 192 1등 엄마는 인테리어부터 다르다! · 204 Q&A 이런 것까지 궁금해? · 209

9개월 · 214

아기의 탄생, 엄마의 탄생 · 215 이달의 아기는? · 216 이달의 엄마는? · 217 출산이 임박했다는 신호 8가지 · 218 아무도 알려주지 않는, 분만실에서 진짜로 생기는 일 · 223 일반분만실과 가족분만실, 딩신의 선택은? · 229 자연분만 VS 제왕절개 · 232 Q&A 이런 것까지 궁금해? · 234

부록 · 238
epilogue · 250

Prologue
2013년 가을, 새 프로그램의 탄생

작년 가을쯤이었다. 백지부터 시작하는 새 프로그램을 만들어볼 기회가 생긴 건.

'무슨 장르를 해볼까?'

'아이템은 뭐가 좋지?'

'요즘 가장 핫한 출연자는 누구야? 섭외는 가능할까?'

몇 달간 제작진을 괴롭혔던 결과물은 다행스럽게도 방송으로 탄생했고, 지금 여러분의 앞에 놓인 이 책으로도 선보이게 되었다.

처음에는 아주 단순한 생각이었다.

임신이나 출산은 분명 가벼운 이야깃거리가 아니다. 누군가에겐 그리 유쾌하지 않은 주제일 수도 있었다. 또 많은 사람들에게는 한 번도 관심 두어본 적 없는 일일 터였다. 방송에서 다룰 때의 제약 요소들도 많았다. 그럼에도 임신과 출산을 주제로 방송을 만들어보겠다고 결정한 이유는 오로지 '출산' 자체가 주는 묘한 울림과 감동 때문이다.

좋은 프로그램은 모두 '드라마적'인 요소를 갖추고 있다. 예능 프로그램이나 다큐멘터리도 마찬가지다. 〈엄마의 탄생〉이 좋은 프로그램인지는 잘 모르겠지만 '드라마적' 요소를 갖추었다는 것만큼은 확실하다. 엄마가 되는 과정은, 당사자에게 일생동안 가장 드라마틱한 순간 중 하나일 것이다. 프로그램을 만들면서도 그런 생각이었지만, 이 책 역시 정보보다는 엄마가 되는 과정마다의 기쁨과 감동을 그대로 전달할 수 있으면 좋겠다.

한 가지, 조금 딱딱한 이야기를 덧붙여야 할 것 같다. 바로 우리나라의 출산율 이야기다. 누구나 잘 알고 있는 이야기겠지만 계속 반복해야 할 이유도 그만큼 확실하다. 우리나라의 출산율이 얼마나 심각한 수준인지는 몇 가지 통계자료만 살펴보아도 금방 느낄 수 있다.

- 2013년 합계출산율 1.187로 OECD 국가 중 10년째 최하위.
- 우리나라 생산가능인구(15~64세) 2016년부터 감소, 2060년에 절반 이하로 감소.
- 2018년 고령사회 진입, 생산가능인구 5명이 노인 1명 부양. 2030년 생산가능인구 2.3명이 노인 1명 부양.
- 2030년 경 노인 비율 세계 4위(OECD 예측).

저출산 고령화가 가져올 '저주'는 사회 전반에 영향을 미칠 것이다. 내수 시장이 침체에 빠지면서 서비스 및 부동산 시장이 위축되며, 동시에 병원, 학교 등 공공 시스템도 직접 타격을 입는다. 또한 노인 인구 부양에

드는 복지비용 증가로 인해 국가 재정도 심각한 상황에 놓이게 될 것이다. 수많은 통계와 예측이 경고하듯 머지않은 미래에 우리나라가 사라지는 일은 일어나지 않겠지만, 지금과는 전혀 다른 사회를 맞이하는 것이 불가피하다.

저출산의 폐해가 이렇게 심각함에도 불구하고 당분간 출산율이 높아지지는 않을 것으로 보인다. 출산율이 줄어드는 이유는 너무나도 다양하고, 또 우리 모두 절실히 몸으로 느끼고 있다. 보건복지부가 올해 발표한 자료에 따르면 자녀 1명 당 양육비용(대학졸업까지)이 처음으로 3억을 넘어섰다. 2009년에 비해 약 5,000만 원이 증가한 수치다. 게다가 여성들의 출산 시기는 해마다 늦어져 작년에 평균 31.5세를 기록했다. 20년 전에 비해 평균 4년 이상이 늦어진 것이다. 연애, 결혼, 출산 세 가지를 포기한 '삼포세대'라는 신조어 역시 더 이상 낯설지 않다.

현재 정부도 많은 예산을 출산장려 정책에 투입하고 있다. 2006년부터 올해까지 약 98조를 투자했고 앞으로 3년 동안 32조를 추가로 투입한다고 한다. 물론, 강력한 출산장려 정책을 도입해 저출산을 극복한 프랑스, 영국 등과 비교하면 턱없이 부족한 금액이다. 프랑스의 경우 가족수당, 출산 여성 휴직 시 보조금 지급, 유치원 무상교육 실시 등 매년 44조가 넘는 예산을 쓰고 있어 우리와는 비교하기 어렵다.

충분한 예산을 확보한다 하더라도, 예산이 투입된 뒤 출산율이 높아지기까지는 시간이 필요하다. 또 출산율에 이러한 경제적 이유만 영향을 미치는 것도 아니다. 정부의 지원과 동시에 반드시 필요한 건 사람들의 인식변화다. 정부나 기업들이 여러 가지 지원 정책을 늘려나간다는 전제

하에 '아이'가 주는 행복과 즐거움이 그로 인한 비용보다 훨씬 크다는 것을 깨닫고 인식이 바뀌기를 기대하는 수밖에 없다. 아마 많은 시간이 필요할 것이다.

우리가 방송이나 책을 통해 하고 싶은 이야기도 그것이다. 탄생의 순간은 한두 마디 말로 표현하기 어려운 감동과 전율을 온몸으로 전달한다는 것. 그리고 그게 나의 아이라면 인생에서 가장 극적인 순간이 되리라는 것. 아이를 키운다는 것은 무엇과도 바꿀 수 없는 보람찬 경험이라는 것. '아이'의 탄생으로 인해 새롭게 태어나는 '엄마'와 '아빠'에게, 이런 뿌듯한 경험들을 생생하게 전달하고 가려운 곳을 시원하게 긁어주는 데 이 책이 조금이라도 도움이 되었으면 좋겠다.

1개월

우리는 TV를 통해 갖가지 인생을 대리 경험하곤 한다. 그 안에는 출생의 비밀이라든지, 운명 같은 사랑, 또는 재벌가에 얽힌 배신과 음모 등 파란만장한 사건들이 난무한다. 하지만 우리들의 삶은, 보통의 차 막힘과 보통의 6,000원짜리 식사와 보통의 콧물감기 같은… 지극히 잔잔한 일상으로 이루어져 있다. 임신과 출산은 이런 우리의 삶에 찾아오는 '놀라운' '드라마틱한' '획기적인' 사건이다. 나 혹은 아내의 임신으로, 인생은 전에 없던 전환점을 맞는다. 임신 1개월은 부부가 세상의 중심이 되어 놀랍고 당황스럽고 신나는 기분을 한껏 경험하는 시기다. 하지만 이 무렵은 초음파로 아기집조차 확인할 수 없는 경우도 있을 정도로 굉장히 이른 시기이고 유산의 위험도 높으므로, 아직은 두 사람만의 비밀 축하가 좋을 듯하다. 더불어 앞으로 펼쳐질 임신과 출산의 여정에 대해 예습을 해두는 것도 좋다.

임신을 확인하면 언제 아기를 만나게 될지 날짜부터 따져보게 된다. '예정일이 언제인가요?'라는 질문에 당당히 대답해야 하니까. 잠시 후 여러분은 산부인과나 보건소에서 가르쳐주지 않는, 조금은 새로운 계산법을 만나게 될 것이다. 아기와 만날 확률이 조금 더 현실적인 날짜다. 더불어 임신 테스트기와 배란 테스트기에 대해서는 물론, 2014년 11월 이후의 알뜰 구매 정보도 함께 수록했으니 꼼꼼히 읽어보길 권한다.

굿뉴스! 임신입니다

임신 소식을 제일 처음 알게 되는 건

> 엄마죠
> 암요암요, 여자는 자기 몸 안다…

반응은 딱 두 가지, 와~ 임신이다!
아님… 헐~ 임신?!!!

> 헐~도 꽤 많을 듯
> 울 친구도 허니문 베이비라 헐~
> ㅋㅋㅋ

〈괜찮아 사랑이야〉 보니까, 공효진이
두 줄 나온 테스트기를 척! 내밀던데!!

> 조인성, 그거 들고 마당에 나와서 자랑질
> 할 때 심쿵! 멋졌음… 임신의 상징 두 줄!!!

임신 1개월이란 건…
임신 소식을 비로소 알게 되는 때죠

> 마자욤

빅빅~ 대사건임!!

> 엄마가 된다아~~~~
> 멘붕의 시작 ㅋㅋㅋ

동네방네 추카받아야 하는 거?

> 노농! 조심해야 될 시기
> 첫째도 조심 둘째도 조심
> 병원부터 가보심이~ 완존!!!

그래서 임신 1개월이에요~ 라고
자랑하는 사람은 없나봐요, 그치?

> 끄덕끄덕

이달의 아기는?

1개월

키 0.1~5mm
몸무게 1g 미만
(hello)

잠깐!! 태아의 '키'는 의미가 다르다?

태아의 신장(키)은 초음파 검사를 통해서 알 수 있다. 하지만 이때 신장이란 우리가 알고 있는 신장과는 다르며, 태아가 웅크리고 있는 모양의 직경을 의미한다. 즉 태아의 머리부터 엉덩이까지의 길이를 이르는 말이다.

이달의 엄마는?

이달의 엄마는, 처음으로 본인의 임신 사실을 확인하게 된다. 여성이 배란을 한 뒤 2주 뒤에 수정에 성공하면 다음 번 생리를 하지 않게 된다. 바로 이때가 1개월이다. 병원에서는 임신을 확진하면 보통 '2개월'이라고 하지만 말이다. 아기를 기다려왔던 커플이라면 분명히 여러 번의 자가 임신테스트를 해보았을 것이고, 별 의심 없이 지내던 경우라도 예정일이 지났는데 생리가 없다면 '혹시' 하고 의심하게 된다. 생리주기가 불규칙한 여성들은 입덧이 시작되는 6주차 이후에 알게 될 수도 있다. 임신을 계획하고 있는 여성은 자신의 몸 상태와 생리주기를 민감하게 살펴보는 것이 좋다. 본인의 건강뿐 아니라 아기의 건강과도 직결되기 때문이다.

1개월차 예비 엄마의 뱃속에서 일어나는 일은 매우 드라마틱하다. 난자를 만나기 위해 열심히 헤엄친 3억 개의 정자 중 단 하나만이 그녀를 만날 수 있다. 드디어 나팔관이라는 골목에서 만난 정자와 난자는 사랑의 결실로 하나가 되고 나머지 정자들은 모두 죽어 사라진다. 둘은 나팔관을 따라 서서히 내려와 자궁이라는 넓은 들판의 한쪽에 돗자리를 편다. '아기가 될 집을 만들어볼까?' 하고 적당한 자리를 잡는 시기, 수정한 지 열흘 남짓 되는 시기가 바로 이때다.

뱃속에서 이런 일들이 일어나고 있을 때 그 주인공인 여성들은 임신을 확진하려 하는데, 그 과정은 대부분 비슷하다. 첫 번째, 날짜가 지났는데도 생리가 시작되지 않으면 약국에서 임신 진단 키트를 사서 스스로 확인해본다. 두 번째, 산부인과를 정해서(주로 집이나 직장 가까운 곳) 진료를 받고 소변 검사 및 채혈 등을 통해 임신을 확진한다.

1개월

계산이 필요해!

아기가 생기고 나면 제일 먼저 하게 되는 질문. 아기가 태어나는 날은 언제일까? 여기, 임신에서 출산까지의 동일한 기간을 표현하는 세 가지 문장이 있다.

열 달 있으면 아기가 태어난다.
40주가 지나면 아기가 태어난다.
280일 후에 아기가 태어난다.

이 모든 단위의 시작 및 기준점은 '마지막 생리일'이다. 그러나 사실 마지막 생리일에는 배란도 되지 않았고, 배란일 이후에도 수정이 되기까지는 최대 일주일이 걸릴 수 있다. 배란을 한 난자는 하루나 이틀을 살고, 몸 안에 들어온 정자는 일주일 정도 살 수 있다고 한다. 그러니까 10개월에서 약간 모자라는, 9개월 10~14일 정도라고 표현하는 것이 정확하다.

휴 그랜트가 출연한 영화 〈나인 먼쓰(1995)〉를 보면, 미국에서는 임신 기간을 9개월이라고 표현하는 것 같다. 이 영화는 프랑스 영화 〈네프므와〉를 리메이크 한 것이니 프랑스에서도 동일할 것이다. 우리나라에서만 열 달이라고 표현하는 것은 우리 조상들의 조심성 있는 신중한 계산법에 의거한 것이 아닐까 싶다. 나이도 태어나면 한 살이라고 하고, 만 나이는 따로 있으니까.

출산 예정일이 궁금하다고 해서 직접 계산해보거나 표를 들여다보는 이는 거의 없으리라. 병원이나 보건소에서 자동으로 계산해 알려주니 말이다. 그런데 한 가지, 중요하게 알아야 할 사실이 있다. 평균적인 임신 기간이 점점 짧아지고 있다는 것. 그러니 출산 예정일을 현재의 기준인 280일보다 짧게 계산해야 한다. 「대한보건연구」 최근호에 발표된 연구 결과에 따르면 2009년 기준 평균 임신 기간은 38.8주로 나타났다. 1998년에는 40주였다. 10년 동안 임신 기간이 1.2주가 줄어든 것이다. 2012년 제일의료재단 산부인과 연구팀의 통계에 따르면 미리 계산되었던 분만 예정일에 출산한 산모는 5.5%에 불과했다. 제왕절개나 유도 분만 때문이기도 하지만, 자연 분만의 경우에도 40주차가 아닌 39주차에 출산하는 비율이 가장 높았다. 이는 초산인지 아닌지와 무관한, 즉 분만 횟수와 관계없는 결과다. 그러므로 산부인과에서 날짜를 받았다면 거기서 일주일 정도 이른 시점에 아기를 만날 확률이 가장 높다.

배란 테스트기 & 임신 테스트기 완전 정복

최근의 출산율이 낮아진 것은 여러 가지 사회적 원인 때문이기도 하지만, 불임이나 난임 부부의 비율이 높아졌기 때문이기도 하다. 한국 보건사회 연구원에서 발표한 통계에 따르면 결혼 후 1년 이상 아기가 생기지 않아 고민하는 부부, 즉 난임 부부가 전체의 30%에 달한다고 한다. 그래서 최근에는 자연스럽게 임신되기를 기대하기보다 배란일을 계산하고 적극적으로 계획을 세워 임신을 시도하는 커플이 느는 추세다. 계획 임신을 돕는, 간단하지만 가장 중요한 도구가 바로 배란 및 임신 테스트기다. 만약 이것들이 없었다면 계속 병원을 예약하고 기다리는 등의 불편과 수고를 감당해야 했을 것이다.

임신을 준비하는 이들에게 따끈따끈하고 반가운 소식을 전한다. 2014년 11월부터 온라인 쇼핑몰, 편의점, 마트 등에서도 임신 테스트기를 판매할 수 있게 되었다. 식품의약품안전처는 체외진단용 제품의 관리체계를 의료기기로 일원화하는 의료기기법 시행규칙 개정안을 11월

10일부터 시행한다고 발표했다. 판매처가 늘어나 편리해짐과 동시에, 가격도 내려갈 것으로 예상된다. 많은 약국들이 유통 마진의 대부분을 포기하고 묶음배송 등으로 판매 방식을 전환할 것이기 때문이다. 실제로 지금도 묶음배송을 하는 대형 약국들이 있으니 검색해보시길!

임신 테스트기

드라마 〈괜찮아 사랑이야〉에서도 공효진이 남편인 조인성에게 두 줄짜리 스틱을 시크하게 건네주며 임신을 알리는 장면이 나왔는데, 이처럼 임신 테스트기는 그 위에 선명하게 뜬 두 줄이 어떤 의미인지 누구나 알고 있는 일상적 물건(?)이 되었다.

임신 테스트기와 배란 테스트기 두 가지 모두 여성의 호르몬 수치와 관련이 있다. 먼저 임신 테스트기는 수정에 성공했을 때 분비되는 호르몬인 hCG의 농도를 검사해서 임신 가능성을 테스트 하는 것이다. 보통 두 가지 타입으로 카세트형과 막대형(스틱형)이 있다.

카세트 형은 소변을 스포이트로 똑 떨어뜨려 결과를 확인하는 방식이고, 막대형은 흐르는 소변에 살짝 담갔다가 결과를 보는 방식이다. 임신 판정 표시란에 줄이 하나

막대형, 카세트형

만 나타나면 비임신이며, 두 줄은 임신을 가리킨다. 단, 한 줄이 나타난 경우 위치에 따라 재검사를 해보아야 할 수도 있으니 설명서를 잘 읽어보자. 선이 흐린지 진한지에 신경을 쓰기도 하는데, 보통 흐리게 나타나더라도 임신인 경우가 많다고 한다. 하지만 앞에서 말했듯 생리 예정일이 지난 후 산부인과에서 검진을 받아보아야만 임신을 확진할 수 있으므로, 너무 이른 테스트로 샴페인을 터뜨리는 일은 자제하는 것이 좋다.

배란 테스트기

배란 테스트기도 임신 테스트기와 마찬가지로 체내 호르몬의 변화를 검사한다. LH surge, 즉 황체형성호르몬의 분비량이 쭉 올라가는 시점을 알려주는 것인데, 그로부터 24~36시간 내에 난자가 배출된다.

임신 테스트기와의 가장 큰 차이점은, 배란 테스트기는 여러 번 계속적으로 사용해야 한다는 것이다. 정확한 배란일을 알기 위해서는 적어도 7개 이상 필요하다. 생리 예정일 2주 전부터 농도를 보아가며 반복적으로 사용한다. 이렇게 많은 양이 필요하다 보니 막대 타입이나 카세트 타입보다 리트머스 종이처럼 살짝 담갔다 빼는 종이 타입이 더 일반적이다.

종이 타입은 테이프에 결과선과 대조선 두 줄이 나타나는데, 결과선이 대조선보다 진하게 나타나면 배란이 임박한 것이다. 배란이 완료된 시점에는 다시 결과선이 대조선보다 흐릿하게 나타난다. 결과선의 색깔 변화가 다소 미묘하기는 하지만 사용 후기를 보면 수 회 사용만으로도 확연히 차이를 느낄 있다고 한다. 보통 생리 후 일주일에서 열흘이 지난 뒤 일주일 정도 꾸준히 테스트해 날짜를 알아낸다.

　가격을 보면, 일단 카세트 타입은 1~2만 원 정도의 가격에 3~5개 들이로 구성되어 있다. 깔끔하기는 하지만 개당 4,000~5,000원이나 하니, 여러 번 시도해봐야 하는 배란 테스트의 특성상 가격적으로 부담이 된다. 종이 테이프 타입 중 가장 많이 쓰이는 것은 한국 제품인 〈르*〉와 미국 제품인 〈원*〉인데 20개 들이 한 박스 가격이 2만 원 중반 정도다. 테이프 하나당 1,000~2,000원 사이로 쓰기 편리하다. 〈원*〉의 경우 직구(해외 쇼핑몰에서 직접 구매하는 방법)로 많이 구매하는데, 박스당 12달러 내외에 배송 비용 등을 합해도 15달러 정도니 부담이 많이 내려간다.

　하지만 앞에서 말했듯이 11월 법이 개정되면 국산 제품의 단가 역시 많이 낮아질 것으로 예상된다. 국내 쇼핑몰의 가격을 잘 비교해보면 직구 못지않은 가격으로 구매가 가능할 것 같다. 영문 사이트에서 영문 주소를 넣어 주문하고, 비자나 마스터 등 외국 법인이 있는 카드로 결제해야 하는 데다, 배송 날짜도 오래 걸리는 등의 불편을 가격이 싸다는 것 하나로 감수해온 '직구족'들에게는 무척 좋은 소식이겠지!

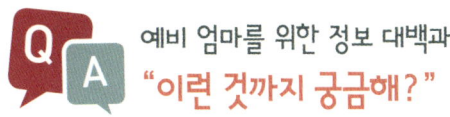

예비 엄마를 위한 정보 대백과
"이런 것까지 궁금해?"

Q 임신 테스트기에 표시된 두 줄을 보고 너무 좋아 입이 근질거려요. 남들은 언제 알리나요?

A 인터넷 카페 등의 의견들을 종합해보면 가족과 직장에는 '확인한 뒤 바로', 친구나 친척 혹은 다른 사람들에게는 3개월 이후에 알린다고 한다. '심장소리를 들은 후'라고 대답한 경우도 많았다. 직장에 빨리 알리는 이유는 휴가나 업무 배정 등의 문제를 빨리 정리하기 위해서이므로, 이와 관련된 사람에게만 먼저 알리고 나머지 동료들에게는 임신 안정기에 접어든 뒤 알리는 편이 낫다. 병원에서는 12주가 지나 안정기에 들어선 뒤 알리는 것을 권장한다. 한 가지, 명절이 다가오고 있다면 그 전에 반드시 시부모님과 친척들에게 알려 명절 가사노동을 피하라는 선배들의 지혜를 귀띔해주고 싶다.

Q 임신인 줄 모르고 고주파 마사지 관리를 받았는데, 괜찮을까요?

A 고주파를 이용한 마사지는 주로 셀룰라이트 제거 등 다이어트나 피부 미용을 목적으로 하고, 얼굴이나 복부 등 신체 부위에 직접 시술한다. 임신인 줄 모르고 피부과에서 고주파 치료를 한 뒤 걱정되어 전전긍긍하는 이들이 많은데, 일단 피부과의 고주파 시술이 아기의 기형이나 인공 유산을 유발한다는 보고는 없다. 태아에 직접 영향을 미친다고 확인된 것은 이온화된 방사선, 즉 감마선이나 X선 등이다. 초음파나 레이저, MRI 등은 유해성이 확인되지 않았다. 하지만 모체에 직접 자극되는 시술이므로 되도록 빨리 멈추고 산부인과 담당의와 상의하도록 하자.

Q 강아지를 키우는데… 임산부에게 애완동물이 해로운가요?

A 애완동물 때문에 갈등하는 부부가 많은데, 사실 애완동물이 뱃속의 태아에게 직접 영향을 미치지는 않는다. 다만 감염이 잠재적 위험 요소가 된다. 의사들은 기생충이나 톡소 플라즈마를 주의해야 한다고 경고하는데, 이는 고양이의 배설물과 접촉할 경우 감염될 수 있는 질병이다. 감염되면 감기 걸린 듯 몸살 기운을 느끼고, 근육이 아프고 편도선이 붓는다. 증세는 감기와 비슷하지만 전혀 다른 질병이다. 감염 여부는 혈액 검사로 확인할 수 있다. 하지만 톡소 플라즈마에 감염되는 경우는 드물다고 한다. 애완동물을 키울 경우, 임신 기간 동안은 애완동물 특히 고양이와 직접 접촉하지 않도록 노력하고 목욕도 다른 사람이 시키는 것이 좋다. 만진 뒤에는 손을 깨끗이 씻고 소독하는 등 주의를 기울인다.

Q 드라마 〈해를 품은 달〉에서는 합방일을 따로 정하던데, 뭐가 좋아서 그러는 거죠?

A 조선시대 왕실에서는 훌륭한 후사를 얻기 위해 입태일(入胎日), 즉 합궁일을 골랐다고 한다. 기상변화 및 날씨를 관장하는 관리인 일관이 날짜를 정해주었다. 요즘은 역술인들에게 합궁일을 받는 경우도 있다고 하는데, 사실 과학적인 효과나 근거는 없다. 그래도 참고로 하고 싶은 이들을 위해 『동의보감』 내용을 약간 소개한다. "병일과 정일, 음력 보름과 그믐, 초하루, 바람이 심한 날이나 비가 많이 오는 날, 안개가 자욱하게 낀 날, 번개가 치는 날, 일식이나 월식이 있는 날, 무지개나 지진이 있는 날을 피해야 한다." 이러한 진술은 날씨가 아기의 운명이나 성격과 일치하게 된다는 믿음에서 기인한 듯하다.

Q 뜨거운 밤을 보내야 임신이 잘 된다던데 진짜인가요?

A 임신에 오르가즘이 영향을 미치는지에 대해서는 의견이 분분하다. 하지만 분명한 사실은 여성보다는 남성의 오르가즘이 더욱 중요한 역할을 한다는 것. 강한 오르가즘을 통해 근육의 강력한 수축과 이완이 이루어지면, 이것이 전립선을 압박하고 분출하는 능력을 높여주어 사정과 수정에 도움을 준다. 그러고 보면 뜨거운 밤이 확실히 더 좋을 것 같은데요?

Q 임신 중엔 반찬통을 플라스틱에서 유리로 바꾸라는 조언이 많던데, 돈이 들어 걱정이에요~

A 유리로 된 반찬통은 안전성이 검증된 대신, 비싸고 패킹도 플라스틱보다 빨리 늘어난다는 단점이 있다. 많은 여성들이 플라스틱의 유해성을 걱정하는데, 사실 플라스틱을 가열하면 생기는 프탈레이트는 주로 전자레인지에 돌렸을 때 발생한다. 아기 전용 컵이나 물병을 만드는 플라스틱은 주로 폴리프로필렌(PP)이라는 소재로 이루어져 있다. 그래도 신경이 쓰인다면 가열 용기만 조심하면 되겠다.

Q 분명 임신인데 태몽을 왜 안 꾸죠? 초조하네요.

A 임신 초기에 몸의 변화와 함께 나타나는 현상으로 기상 현상·나무·동물 등의 꿈을 꾼다고 하는 것이 태몽에 대한 일반적 통념인데, 요즘은 그렇지도 않은 것 같다. 요즘 임산부들은 6개월차에 태몽을 꾸기도 하고 별난 태몽도 많다고 한다. 잠자리나 매미 같은 곤충 태몽을 꾸기도 하고, 큰 개가 나오는 꿈이 개꿈인지 태몽인지 묻는 이들도 있다. 유모차를 선물받거나 아기 신발을 보는 등 직접적인 내용도 많다고 한다. 태몽이 아기의 미래를 결정짓는 것도 아니고, 태몽을 꾸지 않는 산모도 많다고 하니 큰 걱정 마시길. 주변에서 대신 태몽을 꾸었다는 경우도 있으니 가족들에게 꿈자리를 물어보는 것도 방법이다.

Q 향수를 뿌리면 아기한테 안 좋다는데 정말인가요?

A BBC 보도에 따르면, 일단 근거 없는 얘기는 아니다. 영국의 의학연구소 MRC의 리처드 샤프 박사는 임신 8~12주 사이에 향수나 향료

가 함유된 크림이 태아의 남성호르몬에 영향을 미쳐 생식기관 형성을 저해할 수 있다고 밝혔다. 향수에 호르몬 교란 물질이 들어 있음을 밝혀낸 것이다. 만약 향수를 사용하고 싶다면 생식기관이 모두 생성되는 12주가 지날 때까지만이라도 참을 것을 권한다.

Q 임신 중인데 손목이 시큰시큰 해요. 침 맞아도 될까요?

A 임신을 하면 릴랙신(relaxin)이라는 호르몬이 분비되어 관절 및 근육을 이완시키는 작용을 하는데, 손목이 시큰거리는 것은 그에 따른 증상이다. 손목을 쓰는 일을 줄이는 것이 가장 좋으나, 주의를 기울여도 좋아지지 않는다면 침을 맞는 것도 좋다. 우리나라에서는 예로부터 임신 중에도 침이나 뜸으로 치료를 해왔다. 한의사에게 임신 사실을 알리고 금침금구혈을 피해 침을 맞으면 된다. '금침금구혈'이란 임산부를 치료할 때 침이나 뜸 치료를 하지 말아야 할 혈자리를 이르는데, 대추(大樞)·기해(氣海) 등 주로 복부에 위치해 있다. 손목이 시큰거리는 이라면, 임신 초기 이후 침을 맞는 것은 무방하다.

Q 보험에 가입하고 나서 임신 사실을 알았는데 어쩌죠?

A 임신 중에는 일반적인 상황보다 건강이 위협받기 쉽다. 임신을 했는지 모르는 채 보험에 가입했다면 반드시 담당자에게 임신 사실을 알리고 할증되는 보험료를 추가로 납부하는 것이 좋다. 고지의 의무를 다하지 않았을 때는 보험금이 필요하게 되더라도 보험금이 지급되지 않으며 고지 의무 위반으로 해지될 수도 있다.

2개월

이 시기는 우리 집에 아기가 생긴다는 표시를 하는 시기, 이름표를 다는 시기라고 해야 할 것이다. 일단, 입덧의 기운이 온 집안을 지배한다. 아빠들은 새콤한 귤이나 딸기 혹은 냉면 셔틀(배달)이 되고, 많은 임산부들이 변기와 친해지게 된다. 세심한 예비 아빠라면 부인이 많은 시간을 보내게 될 화장실 청소를 신경 써서 깨끗이 해주시길.

입덧과 더불어 아기가 생겼다는 사실을 눈으로 확인하게 되는 이 시기, 부모는 초음파 사진을 통해 엄지손가락보다 작은 아기의 모습을 볼 수 있으며 아기의 심장소리를 직접 듣게 된다. 〈엄마의 탄생〉을 통해 출연한 많은 아빠들이 아기의 심장소리를 듣게 된 순간을 인상 깊게 기억했다. '드디어 내가 아빠가 되었구나' 하고 느끼는 계기가 되었다고.

이 장에는 두 가지 내용을 담아보았다. 일단 생리적으로 가장 강렬한 징후라 할 '입덧'을 잡는 방법. 입덧 잡는 방법은 일반적인 것도, 조금 특별한 것도 있다. 그리고 임신 사실을 SNS로 알리는 최신 트렌드를 여러 가지 예시와 함께 설명해보았다. 임신과 출산은 자연스러운 과정이지만 요즘은 평생 한 번만 임신하는 경우도 많은 만큼, 이 시기를 매우 소중하고 값지게 보내려는 이들이 늘고 있다. 여러분도 센스를 발휘해 멋진 추억을 만들어보시길.

심장이 뛴다!

> 2개월입니다~~입덧의 전성기

>> 올 게 오는 거죠 웩!!
>> 그분이 오시나요 ㅋㅋㅋ

> 드라마에서는 입덧이 신호지 신호!
> 가족끼리 밥먹다 웁!! 너 혹시? 여보 혹시?

>> 막장 드라마서 시어머니가 "너 나가!" 하면
>> 원하시면 나가드리죠 하다가

> 웁~~~ 혹시!!! 음악이 짠짠짜자자~

>> ㅋㅋㅋ 공감 돋네

> 입덧하는 게 냄새가 싫어지는 거라며?
> 물비린내도 난다던데
> 우리 올케는, 방향제… 그거 뭐지?

>> 디퓨저!! 막대 꼽는 거

> 마쟈 질색하드라고 헐~

>> 남편 입덧 아시남요? 남편 얼굴보면 웩~

> 설마~.~

>> 남편 개서운

> 아기 심장소리 듣지? 2개월에?

>> ㅋㅋ 감동이죠, 그 오디오
>> 울 방송에서도 여러 번… 땡글이,
>> 꼬물이, 선물이까지 콩닥콩닥

2개월

27

이달의 아기

강낭콩만큼 자랐어요!

키 0.2~1.6cm
몸무게 1g 정도

임신 5주차에 접어든 태아는 수정체가 아닌 배아(embryo)라고 부른다. '배아'란 수정 후 2주에서 9주 사이의 태아를 부르는 말로, 고대 그리스어로 '자라고 있다'라는 뜻이라고. 참 귀여운 단어네! 2개월째에 들어서면 아기는 내부 장기를 만들 준비를 시작한다. 즉 뇌·신경계·피부·머리카락이 되는 외배엽, 골격·근육·순환계·신장 등이 되는 중배엽, 그리고 폐·장·기타 장기가 되는 내배엽으로 분화하면서 열심히 오밀조밀 신체 기관들의 설계도를 그리기 시작한다. 6주차 정도 되면 드디어 첫 번째 장기인 심장이 만들어지고 뛰기 시작한다. 태아의 뇌와 신경세포의 80%가 이때 생성된다. 탯줄도 제대로 발달하게 된다. 수정란이었던 아기는 이제 영양분을 전달받을 튜브를 엄마의 몸과 연결하는 것이다. 7주차가 되면 팔과 다리가 생기고, 태반과 탯줄도 단단히 연결된다. 8주차에는 손목과 발목이 생긴다. 얼굴도 조금씩 생겨서 이목구비를 구별할 수 있게 된다.

이달의 엄마

태아가 장기를 본격적으로 만들기 시작하면서, 엄마의 몸도 변화하기 시작한다. 본격적으로 아이를 키울 준비를 하는 것이다. 일단 생리 전 증후군처럼 뾰루지나 여드름이 난다. 이유 없이 우울하거나, 신경이 날카로워지는 등의 감정 변화가 생기기도 한다. 유방이 간지럽거나 조금씩 아프기도 한다. 유두의 색이 조금 진해진다. 겨드랑이 부분이 다소 짙어졌다고 말하는 사람도 있다. 유두 주변에는 10~20개 정도의 작은 '몽고메리 돌기'가 생기는데 여기서 기름 성분의 액체가 분비된다. 수유를 준비하는 과정인 것이다. 피부가 약간 쓰라리기도 하다. 그리고 입덧도 시작된다. 입덧은 보통 짧으면 2~3개월 길면 6개월 이상 지속되기도 하는데, 자연스러운 현상이라고들 하지만 신체적으로는 상당히 괴롭기 때문에 삶의 밸런스가 깨지기 쉽다.

아기는 강낭콩 정도의 크기가 되어 드디어 초음파 검사를 통해 눈으로 확인할 수 있다. 그리고 아기의 심장소리를 듣는 감동을 맛볼 수 있다.

임신 2개월째에 예비 엄마들은 초음파 검사 외에도 여러 가지 검사들을 받는다. 아직 배가 전혀 나오지 않았지만 이런 과정을 거치면서 본인이 임신했다는 사실을 또렷하게 자각하게 된다. 이 검사들은 임신 전의 몸 상태가 어땠는지를 확인하는 '산전 검사'의 성격이 크다. 그러므로 기본적인 혈액 및 소변 검사를 하고, 그동안의 병력 등을 문진한다. 앞으로 아홉 달 동안 함께하게 될 주치의와 친해져야 할 시점!

잠깐! 이 시기에 받는 검사

초음파 검사 땅콩처럼 웅크린 귀여운 태아의 모습을 초음파로 볼 수 있다. 쌍둥이인지 정도는 알 수 있다.

소변 검사 당뇨나 신장 질환 등을 검사한다.

혈액검사 RH인자 검사, B형 간염 검사, 매독이나 HIV 등 바이러스 검사, 풍진 항원항체가 있는지 검사, 혈액형 확인 및 빈혈 검사.

신체검사 키, 체중, 혈압 등 기본적인 사항 체크.

최신 트렌드! SNS로 임신 사실 알리기

임신 2개월, 초음파 사진도 생기고 심장소리도 들리고, 입덧도 시작되었다! 이제 내가, 혹은 아내가 임신했다는 사실을 슬슬 주변에 알려야 한다. 일단 가족에게 알려 축하를 받는 동시에 가족 행사 등의 불참에 양해를 구하거나, 가족 여행 계획이 있다면 날짜를 안정기 이후로 변경해야 한다. 친구들의 경우 서운한 마음이 생기지 않도록 비슷한 시기에 연락을 해주는 것도 중요하다.

무엇보다 중요한 것은 직장 동료 등 사회적 관계에 알리는 것이다. 자랑할 필요는 없지만 앞으로의 업무 일성을 조정한다거나 임신부에 대한 '케어'(흡연자들이 피해준다든지, 입덧을 이해한다든지, 혹은 먹지 말아야 할 음식들을 권하지 않는 것)를 일찍 받으면서 되도록 편안하게 일할 수 있는 환경을 조성하는 것이 중요하다. 요즈음 SNS를 통해서 임신 소식을 센스 있게 알리는 이들이 많은데, 예를 들면 페이스북의 배경 사진이나, 카카오스토리·트위터·카카오톡 프로필 사진 등을 변경함으로써 주변 사람들이 자연스럽게 알아채게 하는 식이다.

　얼마 전 기혼인 어느 PD의 카톡 프로필이 "1+1=3"이라고 변경되어 있는 것을 발견했다. 그때만해도 이러한 '임신 알리기 스킬'에 대해 모를 때라 작가들이 모두 모여 "어? 이거 혹시?" "3이라니 뭐지?" "아기 생겼나?" "아, 그럴지도!" 하며 수다 꽃을 피웠고, 실제로 아기 아빠가 되었다는 사실을 알고 축하한 적이 있다. 참 편리하고 재미있는 과정이었다. 일일이 만나서 말하지 않아도 되고, 또 앞서 말한 '사회적인 케어'를 자연스럽게 이끌어내게 되니 일석이조의 좋은 방법이라고 하겠다. 강원래 부부는 임신한 김송의 배와 강원래의 배를 내놓고 한쪽에는 '맥주', 한쪽에는 '아기'라는 글자를 적어 찍은 사진으로 코믹하게 임신 사실을 알리기도 했다. 센스 있는 여러 가지 유형의 '임신 알리기' 그림을 참고해 즐거운 소식 알리기에 도전해보기 바란다.

SNS 임신 알리기의 유형별 정리

TYPE 1. 아기용품과 함께
아기 신발이나 옷, 안경, 양말, 장갑 등 엄마 아빠와 더불어 아기 용품을 함께 놓고 사진을 찍는다. 귀여움을 강조하는 방식.

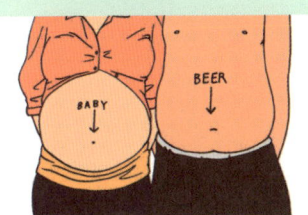

TYPE 2. 배 사진
강원래·김송 부부처럼 재밌는 표현도 좋고, 배 안에 태아가 웅크리고 있는 사진을 티셔츠로 만들어 입는 등 코믹한 느낌도 연출할 수 있다. 장난꾸러기 부모라면 도전해보아도 좋을 듯.

TYPE 3. 덧셈 부호 사용하기
가장 대표적인 것이 덧셈 부호(+)를 사용한 연출. 그림에서는 "3명의 가족+엄마=5"라고 했는데, "아빠+엄마=3"도 일반적이다. 그럼 "아빠+엄마=4"는 쌍둥이? ㅋㅋㅋ

TYPE 4. 형제와 함께
첫아기가 둘째 아기 혹은 셋째 아기의 탄생을 예고하는 방법. 형제간의 추억 사진도 되고, 또 어른의 사진보다 여러 가지 귀여운 연출이 가능하다. "Coming soon"이라든지, "open D-00" 등의 문구를 사용하기도 한다.

입덧을 잡아라!!!

임신한 여성의 80%가 입덧을 경험하는데, 그중 20%는 입덧이 심해서 일상생활이 불가능할 정도라고 한다. 대부분의 입덧은 임신 14주, 즉 4개월차가 되면 가라앉는다. 하지만 임신 내내 입덧을 하는 여성도 있다. 여기에는 유전적인 요소가 크게 영향을 미친다고. 친정엄마가 입덧을 안 하셨다는데 나도 그러네, 우리 할머니가 내내 입덧을 하느라 아무것도 못 드셨다고 하더니 내가 그러네, 하는 이야기가 흔한 건 그 때문일 것이다.

입덧은 왜 생기는 것일까? 많은 연구자들이 호르몬에 의한 신체 변화라고 설명하고 있지만, 콕 집어 무엇 때문이라고는 밝혀지지 않았다. 구토작용을 관장하는 신경계가 자극에 예민해진다고도 하고 소화관이 느슨해져서 역류 현상이 쉽게 일어난다고도 한다. 임신 호르몬인 프로게스테론이 위장이 비워지는 속도를 늦춰 메스꺼움을 발생시킨다고도 한다. 물론 복합적인 요인 때문이겠지만, 많은 과학자들이 공통적으로 주장하는 바는 입덧이 태아가 가장 약하고 위험한 시기인 임신 초기에 작용하는 일종의 방어기제라는 것이다. 우리가 예측해 피하기 어려운 환경적 요소나 음식의 독소들을 몸이 스스로 거부하여 아기를 보호한다는 해석이 설득력을 얻고 있다. 실제로 입덧을 경험한 여성은 그렇지 않은 여성보다 유산할 가능성이 낮다는 연구 결과도 있다.

임신한 여성들이 정보를 주고받는 인터넷 카페에서는 조금 더 현실적인 이야기들이 오간다. 일단 입덧이 시작되면 후각이 민감해진다. 맡으면 울렁거리고 역한 냄새가 있다는데, 가장 대표적인 것이 밥 냄새와 물 냄새다. 다된 밥보다 밥을 짓는 동안의 냄새가 역하다고 느끼는 여성이 많았으며, 생수(맹물)에서 비린내가 나 보리차를 끓여 마신다는 이도 많았다. 음식을 조리할 때 나는 여러 가지 냄새를 참지 못하는 경우는 매우 보편적이다. 그래서 최대한 조리하지 않는 차가운 음식, 오이·멜론·수박 등의 과일이나 채소로 입덧 기간을 넘긴 여성들도 많다.

온갖 냄새와 울렁거림 때문에 고생하는 이들을 위해 입덧을 잡는 방법을 매우 주관적인 순위로 정리했다! 이 일곱 가지 방법을 동원했음에도 모두 소용이 없고 탈수증까지 발생한다면 '오조병'일 가능성도 있으니, 의사와 상의해 안전한 약품을 처방받는 것도 좋다. 입덧은 모두에게 찾아오지만 지나친 입덧은 '병증'으로 발전할 수도 있다는 사실을 잊지 말자.

〈엄마의 탄생〉이 추천하는 입덧을 잡아라 BEST

1위 세계 공통 특효약, 생강!   생강은 전세계 임산부들이 입을 모아 입덧에 효과만점인 음식으로 꼽는다. 생강차나 생강 캔디 등을 먹고 속을 진정시켰을 뿐 아니라 정신적인 평안까지 얻었다는 경험담이 많다. 사우스오스트레일리아 대학에서 임신부를 상대로 진행한 임상 실험을 통해 생강이 입덧을 완화한다는 사실이 검증되었다.

2위 잠들기 직전의 크래커 입덧은 공복에 더 심해진다. 지나 데이비스가 만삭의 임신부로 출연했던 영화에서는 그녀가 크래커 봉지를 손에서 놓지 못하는 장면이 나온다. 크래커는 서양의 대표적인 입덧 완화 식품이라고! 입덧을 영어로 morning sickness라고 하는데 이는 포도당 수치가 떨어지는 아침에 입덧이 심해지기 때문. 잠들기 전에 쌀과자나 크래커 등 탄수화물을 섭취하면 아침 입덧이 확연하게 줄어든다고 한다. 시도해보시길!

3위 아이 셔~ 레몬 또는 식초 임신 기간 중에 신 음식이 먹고 싶어진다는 말을 자주 들어봤을 것이다. 귤은 물론이고 평소에는 입에도 대지 못했던 레몬을 쭉쭉 빨아먹었다는 '간증'이 차고 넘친다. 바로 신맛에 구역질을 달래주는 효과가 있기 때문이다. 식초를 듬뿍 넣은 냉면을 찾는 임산부가 많은 이유는 그래서일까?

4위 입덧 방지용 손목 지압밴드 울렁거리는 속을 지압밴드로 잡았다는 경험담이 많다. 임산부용 밴드들은 보통 2~3만원대에 판매되는데, 시계처럼 생긴 저주파 밴드는 15만원 정도로 가격대가 높다. 하지만 손목을 지압해주는 것만으로도 효과가 크다고 하니, 굳이 비싼 제품을 살 필요는 없다. 입덧으로 고생하는 친구나 동료에게 입덧 방지 밴드를 선물하면 엄청 센스있다고 칭찬받겠지?

5위 차가운 과일   정확히 말하면, 차가우면서 물이 많은 과일. 대표적인 것이 수박과 멜론이다. 청포도 향기로 효과를 본 사람도 많다. 청포도 주스, 청포도 사탕이 전에 없이 맛있다고!

잠깐!!! 침덧을 아시나요?

우리가 아는 입덧 말고 다른 입덧도 있다. 보통 울렁거리거나 메슥거리고 먹은 음식을 자주 토하는 입덧을 '토덧'이라고 한다. 이것 말고도 침이 많이 나오는 입덧도 있는데 이것을 '침덧'이라고 한다. 임신과 동시에 갑자기 침샘이 발달해서 타액이 과도하게 분비되는 경우다. 실제로 이런 사람은 휴지 정도로는 해결이 안 되고, 종이컵을 가지고 다녀야 할 정도. 그만큼 침을 자주 뱉어주어야 하는데, 억지로 삼키면 토덧이 더 심해진다. 침덧이 생기는 이유는 침에서 중탄산염이 사라져 산과 염기의 균형이 깨지기 때문이라는데, 껌을 씹거나 박하사탕을 먹는 것으로 약간 도움을 받을 수 있다.

잠깐!!! 케이트 미들턴 때문에 유명해진 '오조병'

심한 입덧은 병증으로 분류되며, 입원 치료를 요하기도 한다. 병명은 '오조(惡阻)'라 하는데, 구토가 심해 탈수 증상이 일어나기도 한다. 오조는 임산부 가운데 3% 내외만 경험하는 드문 병증인데, 얼마 전 영국의 왕세손비인 케이트 미들턴도 오조 증상 때문에 입원 치료했다는 보도가 나왔다. 입덧에 대한 사람들의 이해가 부족한 데다 임산부마다 편차가 크기 때문에 입덧이 심한 사람도 '딴 사람은 멀쩡하던데 저 이는 유난떤다'라는 소리를 듣기 싫어 무작정 참고 견디는 경우가 많다. 입덧이 심해지면 병증이 될 수 있다는 사실을 임산부 본인 포함, 많은 사람들이 알고 적절히 대처·배려해주면 좋겠다.

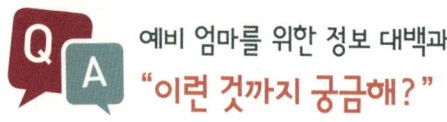
예비 엄마를 위한 정보 대백과
"이런 것까지 궁금해?"

2개월

Q 물비린내 때문에 미치겠어요, 뭘 드시나요?

A 물비린내에 시달리는 임산부들은 특히 생수에서 이를 심하게 느낀다고 이야기한다. 냉장고에 생수를 넣어놓으면 더욱 냄새가 심해진다고! 심지어 어떤 이들은 습기 있는 욕실에도 못 들어갈 정도. 샤워할 때도 물비린내 때문에 머리가 아프다고 한다. 일단 뜨거운 물을 팔팔 끓여서 화장실 배수구에 부어두면 냄새가 완화되고, 락스를 뿌려놓는 것도 도움이 된다. 먹는 물로는 탄산수를 마시기도 하고, 루이보스차도 양수를 맑게 해준다고 해서 인기다. 보리차보다 옥수수차나 결명자차가 낫는다는 경우도 많았다. 심한 경우는 수박으로 갈증을 달래거나 물 대신 주스를 마시기도 한다.

Q 입덧에 산책이 좋다는데, 많이 걸어야 하나요?

A 일단 산책이라고 해서 무조건 걷는 것을 의미하는 것은 아니다. 공원

처럼 나무가 많은 곳에서 '신선한 바깥 공기'를 마시는 것이 좋다. 실내보다 산소포화도가 높아지기 때문에 입덧이 완화된다. 그리고 기미 때문에 밤 산책을 선호하는 이들도 많은데, 낮 산책이 훨씬 좋다. 햇빛을 통해 합성되는 비타민 D는 자궁의 기능을 강화한다. 비타민 D가 부족하면 조산의 위험이 높다는 연구도 있고, 아기의 충치발생 확률이 증가한다는 보고도 있다. 걷는 게 힘들다면 해가 잘 드는 곳에서 볕을 쬐며 숨을 크게 쉬는 것도 좋다. 얼굴에는 자외선 차단제를 꼭 바르도록 하자.

Q 공복에 입덧이 심해 자꾸 먹다보니 체중이 막 늘어요! 방법이 없을까요?

A 아침에 일어나면 울렁거리고 속이 쓰리다는 임산부들이 있다. 증상은 마치 술을 많이 마신 다음 날의 숙취 같다고. 자다가도 일어나서 배를 채워야 울렁거림이 가라앉으니, 체중은 쑥쑥 늘어난다. 이런 경우 자기 전에 배가 고프지 않더라도 고구마 반 개 정도를 먹고 잠자리에 들거나, 화장실 옆에 비스킷을 놓아두고 밤에 오가면서 한두 개씩 먹는 등 최소한의 공복감을 방지하는 것이 요령이다. 많이 먹어 배를 채우기보다는 공복감을 피하는 것! 기억해두자.

Q 얼큰~한 해장국이 먹고 싶은데 아기에게 괜찮을까요?

A 당연히 괜찮다. 임신 후에 얼큰한 국물이 땡긴다는 산모들이 많은데, 인기 메뉴는 해물탕·김칫국·매운탕·콩나물국 등. 콩나물 해장국을 찾는 예비 엄마도 많다. 단, 마늘 냄새는 역하다는 의견이 많으므

로 해장국을 배달시키려는 남편들은 마늘을 빼거나 따로 달라고 부탁하자. 반대로 입덧이 끝나고 태아가 거의 다 성장한 임신 말기에는 너무 매운 음식은 자제하는 것이 좋다고 한다.

Q 아기 심장 소리가 기차 소리면 아들, 말발굽 소리면 딸이라는데?

A 아기의 심장소리로 성별을 알 수 있다, 외국에서는 초음파 심장소리로 성별을 예상한다고 하더라, 카더라카더라카더라……. 독자들 중에도 요런 귀여운 소문에 낚인 사람이 있겠지? 초음파 검사할 때 들리는 아기의 심박 소리가 기차 소리처럼 빠르면 아들, 말발굽 소리처럼 규칙적이고 조금 느리면 딸이라는 얘기도 영 황당한 소린 아닌 것 같고? 딸인지 아들인지 빨리 알고 싶은 마음은 이해하지만, 근거는 전혀 없음!

Q 마트에서 갑자기 식은땀이 나더니 주저앉았어요, 이게 빈혈인 거죠?

A 임신 중 흔하게 경험하는 빈혈은 '기립성 저혈압'이다. 길을 걷거나 갑자기 일어서다가 귀가 멍해지고 눈앞이 흐려지면서 식은땀이 나고 다리에 힘이 풀려 주저앉는 증상을 일으키는데, 임신 여성 가운데 꽤 많은 비율이 이런 경험을 한다. 임신 중에는 혈액순환이 느려지기 때문에 뇌로 흘러가는 혈액이 일시적으로 감소해 생기는 현상이다. 제일 좋은 조언은 앉아서 또는 누워서 쉬라는 것. 만약 빈혈 증상이 지속되거나 심하다면 의사와 상의해 철분을 보충해야 한다.

Q 밥이 싫어요. 밥 냄새도 싫구요.

A 입덧을 하는 임산부들 대부분이 밥 냄새를 질색한다. 밥을 삼킬 때 흙을 삼키는 것 같다고 하기도. 밥을 먹지 못해서 국수, 고구마, 샌드위치 등 대용식을 찾거나 뻥튀기로 허기를 달랬다는 경험담도 많다. 빵이나 우유는 토할 때 냄새가 많이 나 힘드니, 간을 약하게 한 칼국수·잔치국수·쌀국수 등을 시도해보자.

Q 임신 중에 때를 밀면 안 되나요?

A 임신 중에 때를 밀면 살이 더 잘 튼다는 속설이 있다. 하지만 임신 선배들이 말해준 바에 따르면 오일이나 로션을 아무리 열심히 발라도 트는 사람은 트고, 안 트는 사람은 아무런 조치를 취하지 않아도 안 튼다고. 피부에 대해 지나치게 걱정하지 말라는 조언 정도로 받아들이면 될 것 같다. 세신사들은 노인이나 임산부들의 때밀이 경험이 많기 때문에, 부드러운 때밀이와 가벼운 마사지를 통해 심신안정과 혈액순환에 도움을 받았다는 산모들도 많다. 단, 때를 미는 것은 상관없지만 20분 이상 대중탕에 몸을 담그거나 고온의 사우나를 하는 것은 태아의 기형 발생 가능성을 증가시킬 위험이 있으니 피해야 한다.

Q 전기장판이 태아에게 영향을 미칠가요?

A 전자파의 유해성에 관련된 뉴스들이 보도되면서, 꼭 임산부가 아니라도 전기장판을 온수매트로 바꾸는 가정이 많다. 보통은 전기장판에서 나오는 전자파가 큰 영향을 미친다고 생각할지 모르지만, 아직

까지는 전자파에 대한 유해성이 검증되지 않았다. 다만 전기장판 사용시 생길 수 있는 국소적인 가열이 태아의 기형 위험성을 증가시킬 수 있으므로, 되도록 산모들은 전기장판을 사용하지 않는 게 좋다.

Q 임신 초기에 매운 음식을 먹으면 아기에게 아토피가 생긴다던데?

A 입덧할 때는 새콤하고 매콤한 음식이 많이 당기는데, 맵고 짠 음식을 먹으면 아기에게 아토피가 생긴다는 속설이 있어서 갈등에 빠지게 된다. 이것 역시 구체적으로 영향이 있다는 연구결과는 없고, 인터넷 카페나 선배들의 의견을 보면 아토피는 유전인 것 같다는 의견이 대부분. 국물에 청양고추를 넣어서 먹었다느니, 닭발이나 엽기떡볶이를 먹고도 피부 좋은 아기가 나왔으니 걱정 말라는 의견들이 많으니 먹고 싶을 때 억지로 참지 말자. 하지만 입덧이 끝난 뒤에는 담백하고 좋은 음식으로 몸을 보호하는 것도 잊지 말자.

Q 손톱이 왜 이렇게 빨리 자라지?

A 임신 중 신체의 변화는 여러 곳에서 나타나는데, 대부분은 많이 알려진 것들이기 때문에 순조롭게 대처한다. 그런데 손톱까지? 손톱이 빨리 자라는 것에 더해 손톱 아래가 검게 변하거나, 손톱이 부러지거나 뒤집어지는 경우도 있다. 임신 중에는 아기의 신체 기관도 함께 형성되면서 호르몬의 변화가 크기 때문에 손톱이 덩달아 빨리 자란다. 게다가 급하게 자라기 때문에 약하고 잘 부러지게 된다. 일단 당연한 결과로 받아들이고 철분 등의 영양제를 잘 챙겨먹자. 로션이나

오일을 자주 바르는 것도 도움이 된다.

Q 초음파 검사 때 선생님이 분명히 딸이라고 하셨는데, 낳아보니 아들이었습니다. 중간에 아이의 성별이 바뀔 수도 있나요?

A 태아의 성별은 난자와 정자가 수정될 때 어떤 염색체를 갖고 있는지에 따라 결정된다. 즉, 성별은 수정되는 순간 결정되며 중간에 바뀌는 일은 없다. 단지 초음파로 성별을 판별하는 것이 100% 정확하지 않기 때문에 '낳고 보니 성별이 바뀌었다'는 말이 나오는 것이다. 초음파 검사로 확인한 성별은 틀릴 가능성도 있다는 점, 기억하자.

3개월

지금까지 임신을 진단하고, 또 산전 검사를 받는 과정을 차근차근 진행해왔다면, 당신은 엄마가 될 준비운동을 마친 것이다. 임신 3개월, 즉 12주가 지나면 드디어 임산부로서 새로운 출발을 하게 된다. 자궁이 커졌음을 손으로 확인할 수 있으며, 초음파 화면 속 아기도 제법 모습이 갖춰진다. 그와 동시에 끝까지 마음을 놓지 않고 조심해야 할 시기이기도 하다. 3개월째를 잘 보내면 아기가 유산될 확률은 임신 초기보다 현저히 낮아져 2% 미만으로 떨어진다. 이번 장에서는 임산부들이 늘 걱정하는 유산에 대해서 그리고 궁금해하는 엽산에 대해서 심층적으로 다루었다. 독자들 모두 유산의 위험을 무사히 넘기고, 태아의 뇌가 폭발적으로 성장하는 이 시기에 적절한 영양을 공급해 건강한 아이를 출산하시기를!

10센치!!

우왕~ 10센치!!!

> 저 10센치 노래 좋아해요
> 아메리카노 ♪ 쪼아 조아조아~

아기가 10센치라고!

> 알그등요~!!

3개월의 아기는 감귤 크기? 귀요미!

> 그것도 쪼매난 귤! 꼬마 귤 ㅎ
> 3개월엔 배 안 나오던데, 밋밋..

헐~ 마니 나온 사람도 있던데

> 그건 똥배지 ㅋㅋㅋ

얘기하고 보니 변비도 괴롭다고…
다들 고생한다며?

> 변비뿐이면 다행이게?
> 방구의 증가, 치질 발생
> 크흑~ 괄약근 총제적 난국

치질까지 안 가려면 변비 박멸!

> 깨끗하게 맑게 자신 있게

ㅋㅋㅋ

이달의 아기

키 1.6~5.4cm
몸무게 12~14g

엄지손가락만큼 커진 태아는 차츰 얼굴 윤곽을 갖추기 시작한다. 귀가 발달하기 시작하고, 치아가 될 부분에 돌기가 생긴다. 손가락과 발가락 다섯 개가 분명히 보이고, 다리도 허벅지·종아리·발로 분화된다. 성기도 형성되는데, 아직은 분명히 보이지 않는다. 9주가 되면 태아는 양수 안에서 헤엄치기 시작한다. 10주가 되면 태아가 웅크린 사람과 같은 형태로 보인다. 11주가 되면 배내털이라고 부르는 솜털이 나기 시작한다. 이 털은 곧 아기의 전신을 뒤덮게 된다. 이와 함께 체내의 기관들, 즉 심장·간·맹장 등 이미 분화된 내장기관이 성숙한다. 3개월차가 되면 아기는 침도 삼키고, 발차기도 하며(아직 태동이라는 티는 나지 않지만) 꿈틀꿈틀 움직인다. 뇌도 발달해서 신체의 3분의 1을 차지한다.

이달의 엄마

3개월이 되면 엄마는 임신부들이 흔히 겪는 전반적인 신체 증상들(주로 불편한 증상들)을 종류별로 다 경험하게 된다. 일단 소변이 자주 마렵고 변비가 생겨서 화장실에서 보내는 시간, 혹은 화장실을 들락날락 하는 시간이 길어진다. 유두와 겨드랑이 색이 진해지는 것뿐 아니라 얼굴에도 기미 등 색소성 트러블이 생긴다. 거울을 보면서 고민이 늘어간다. 유방이 약간의 통증과 함께 부풀기 시작한다. 아직 배가 불러 오기 전이라, 대부분의 남편들은 전에 없이 글래머러스한 아내의 모습에 기뻐한다고 한다. 2개월차에 시작된 입덧이 절정을 맞는다.

그리고 이 시기에는 아기의 여러 가지 기관이 형성되기 때문에 영양제를 꼼꼼하게 챙겨먹어야 한다. 대표적인 영양소가 바로 '엽산'이다. 엽산제는 임신 전부터 태아의 신경관 조직이 발달하는 임신 12주까지 복용해야 한다.

잠깐! 이 시기에 받는 검사

정밀 초음파 검사 목덜미 투명대 검사 및 1차 통합검사를 통해 태아의 기형 여부를 살핀다.

융모막 검사 주로 노산인 경우(35세 이상)나 만성질환의 가족력이 있는 임신부를 대상으로 염색체 이상을 알아보는 검사다. 선천성 기형을 조금 더 세밀하게 진단하기 위해 임신 9~12주차에 실시한다. 초음파 검사를 통해 태아와 태반의 위치를 확인한 후 플라스틱 기구를 이용해 융모막을 일부 떼어낸다. 채취한 융모막을 염색체 표본 제작법에 의해 직접 분석하거나, 배양하여 태아 세포 내의 DNA를 분자유전학적으로 비교 분석한다. 청각장애, 정신 지체, 유전성 뇌성마비, 근이완증, 혈우병, 신장장애 등을 판별할 수 있다.

유산, 알자 피하자 지키자

유산이란 임신의 종결, 즉 태아가 수정된 후 20주 이내(체외에서 생존할 수 없는 시기)에 죽는 현상을 의미한다. 전체 임신 여성의 약 12.5%가 유산을 경험하며, 전체 유산 가운데 80%는 임신 12주 이내에 발생한다. 이처럼 임신 초기에는 유산의 위험이 높으므로 세심한 주의가 필요하다. 국민건강보험공단의 2012년 통계에 의하면 유산한 산모 중 20대는 31.1%, 40대는 10.2%인데 비해 30대는 57.7%로 최근 5년 사이 34.2%의 증가율을 보였다. 최근 30대 여성의 임신 비율이 높아진 데 따른 결과인 것으로 보인다.

앞서 말했듯 자연유산의 80% 이상은 임신 12주 이내에 발생하고, 이 중 약 50%는 염색체 이상이 원인이다. 즉 예비 엄마가 어떤 행동을 잘못하거나 해서 생기는 것이 아니라는 의미다. 유산의 형태로는 계류유산이 가장 흔한데, 자궁 이상으로 인해 배아가 배출되는 경우를 제외하면 모든 자연유산은 계류유산의 단계를 거치게 된다. 그런데 대부분 통증이 없고 태아가 밖으로 배출되지 않고 남아 있기 때문에 임산부 스스로 자각하지 못한다. 소량의 출혈이나 복통이 있을 수 있지만 대부분의 경우에 특별한 증상을 보이지 않으며, 입덧이나 유방 통증 등 임신의 증상들은 지속되기 때문에 병원 정기 검진을 통해서 발견하는 경우가 대부분이다. 계류유산을 진단한 후에는 소파수술을 진행하게 된다. 자궁에 남은 아기의 잔재, 흔적을 제거하는 수술이다. 의학적으로는 이렇게 설명할 수 있지만 아기의 존재를 분명히 느끼면서 출산을 기다렸던 엄마에게는 악몽과 같은 기억으로 남을 수밖에 없다.

대부분의 여성들은 월경이 중단되거나 임신했다는 사실을 아는 순간부터 태아의 존재를 스스로 상상해낸다. 태아와 대화도 나누면서 하나의 인격체로 대한다. 아직 온전히 사람의 형태를 갖췄든 아니든, 얼마나 짧은 기간 동안 임신했든, 유산과 동시에 여성은 엄청난 충격과 함께 죄책감에 시달리게 마련이다. 그러나 스스로를 탓하고 우울해하기보다는 전문가의 도움을 받아 다시 건강을 회복하고 새로운 임신을 준비하려는 태도가 중요하다. 정말 주의해야 할 것은 이 과정이 반복적으로 계속되는 '습관성 유산'이기 때문이다.

습관성 유산이란 자연유산이 반복적으로 일어나는 것을 말하고, 보통은 20주 내에 3번 이상 일어나면 습관성 유산이라고 진단한다. 그런데 안타까운 것이 습관성 유산의 60%는 정확한 한가지 원인을 밝힐 수 없다는 것이다. 습관성 유산의 원인으로는 염색체 이상, 자궁 이상, 황체호르몬 분비 이상, 감염 및 면역학적 요인 등이 있다. 이중 습관성 유산의 원인 가운데 30%를 차지하는 황체호르몬 부족은 주사 등의 호르몬 조절 요법을 통해 개선될 수 있다. 즉 한 번이라도 계류유산을 경험했다면, 그리고 그것이 호르몬과 관계 있다는 진단을 받았다면 주사 요법을 통해 재빨리 개선해야 한다. 자궁 및 자궁경부의 근종 등 작은 자궁 질환도 유산의 원인이 된다. 그래서 임신 전에 자궁경부암 검사나 근종 제거 등을 미리미리 해두어 아기를 맞이할 신체적 준비를 해놓는 것도 유산의 위험성을 줄이는 방법이다. 유산의 한 가지 원인이 되는 질염 역시, '여성의 감기'라고 불릴 정도로 흔한 데다 평소의 컨디션이라면 간단히 이겨낼 수 있는 질환이지만 임신부에게는 그렇지 않다. 임신을 계획하고 있다면 질염이 있는지 미리 검사받고, 치료해두는 것이 좋다.

  확률이 높은 것은 아니지만 습관성 유산은 누구에게나 찾아올 수 있다. 일단 습관성 유산이라고 진단되면 원인을 찾기 위해 혈액 및 염색체 검사, 초음파 자궁조영술 등 정밀검사가 시작된다. 불행한 기억에 머물러 있기보다는 앞으로 찾아올 행복을 위해 본인의 몸 상태를 호전시키려는 마음자세가 중요하다. 배우자 역시 아픈 기억을 함께 잘 다독이고 배려하며 긍정적으로 미래를 준비해야 한다.

  모든 유산의 원인이 밝혀진 것도 아니고, 사람의 힘으로 완벽히 피할 수 있는 것도 아니지만 부모가 유산의 원인들을 알고 그 가능성을 줄이려 노력하는 것이 무용하지 않으리라.

왜 엽산~ 엽산 할까?

임신 중 먹어야 할 영양제 하면 대표적으로 떠오르는 것이 엽산제다. 방송에서도 책에서도 전문가들도 임산부의 영양에 대해 말할 때 빠뜨리지 않는다. 엽산제는 많은 남편들이 임신을 축하하며 아내에게 자신도 임신 및 출산 과정에 적극적으로 참여하겠다는 의지를 담아 선물하곤 한다. 실제로 남편이 엽산에 대해 모르거나 사다주지 않으면 서운해하는 여성이 많다고!

임신 전에는 한 번도 들어보지 못했다가, 임신하자마자 갑자기 0순위로 떠오르는 엽산! 과연 엽산이 무엇이기에 다들 "엽산~ 엽산~" 하는 걸까?

엽산은 비타민 B군에 속하는 수용성 비타민을 부르는 이름이다. 이 비타민은 세포 분열과 성장에 중요한 역할을 한다. 또한 비타민 B12와 결합해 성장·발달과 적혈구 생산을 촉진한다. 신경전달 물질인 노르아드레날린의 분비 및 DNA·RNA 합성에도 필요한 영양소다. 임신 중 엽산을 잘 섭취하면 태아 심장 기형, 신경관 결손증, 요로 기형 등 선천성 기형을 예방하는 데 도움을 준다. 이쯤 되면 느낌이 오시는지! 엽산은 인간의 기초적인 신경조직이나, 혈액구조, 등을 만들어내는 데 결정적인 역할을 한다. 그러니 이미 모든 조직이 다 완성된 성인들에게는 그다지 강조되지 않았던 것이지! 그런데 임산부가 아닌 일반인도 이제 엽산에 관심을 좀 가져야 할 것 같다. 엽산이 결핍되면 혈전 및 혈관성 질환의 발병률이 높아진다는 연구 결과가 있기 때문. 영국에서는 식품에 엽산 첨가를 의무화해야 한다는 주장이 지난 20여 년 동안 끊임없이 제기돼왔다고 한다.

정리하자면 엽산은 엄마의 몸에서 새로운 피를 만드는 것을 도와주는 동시에, 뱃속 아기의 신체 기관들을 만들고 성장시켜주는 것이다. 알고 보니 엄청 고마운 녀석이네!

엽산은 시금치 · 브로콜리 · 양배추 · 쑥 · 키위 · 참외 · 오렌지 · 방울토마토 · 순무 · 근대 · 무 잎 · 소 간 등에 많이 함유돼 있다. 연구에 따르면 혈액 속에 있는 '호모시스테인'이라는 물질이 증가하면, 혈관이 자극을 받아 동맥경화가 발생한다. 그러나 이 물질은 엽산에 의해 그 나쁜 효과가 없어진다.

음식으로는 충분한 양을 섭취하기 힘들기 때문에 미국 공중 위생국(NSF)에서는 1992년부터 가임 여성에게 엽산제 복용을 권장하고 있다. 2010년 발표된 한국인 영양섭취권장량에 따르면 엽산의 하루 권장 섭취량은 일반 성인 400㎍, 임산부는 600㎍, 수유부는 하루 550㎍이다. 엽산은 체내에서 이용되는 효율이 좋지 않은 편이므로, 자연 식품 이외에 보충제로 꾸준히 섭취하는 게 좋다. 단, 과거 임신 때 태아의 신경관이 결손된 적이 있다면 해당 산모에게 임신 3개월 전부터 엽산 400㎍ 이상을 복용시킨다. 그러면 재발율을 70% 이상 감소시킬 수 있다.

여기서 한 가지 추가 정보! 엽산 400㎍을 임신하기 최소 1개월 전부터 임신 13주까지 복용하면 효과적이라는 것. 엽산은 태아의 뇌가 형성되는 초기 단계에서 신경관을 발달시키는 데 결정적 역할을 하므로 임신을 계획한 사람이라면 임신 전부터 꾸준히 복용하도록 하자. 그리고 현재 임신 중이라면 임신 중에 음식으로 섭취하기 어려운 엽산, 아연, 철을 보강해주는 종합비타민을 임신 및 수유 기간 동안 복용하기를 권한다.

이것으로 끝난 게 아니다. 엽산에 대한 한 가지 더 놀라운 사실! 한 연구에 의하면 엽산은 예비 아빠의 정자 수와 생식기능에 긍정적인 영향을 준다고 한다. 남자들의 정자는 3개월 단위로 미리 만들어지니, 임신을 계획 중이라면 3~4개월 이전부터 남편이 엽산을 먹으면 도움을 받을 수 있겠지! 그러니까, 부부가 함께 미리미리 꼬박꼬박 먹어두자. 엽산제는 산모수첩과 신분증만 있으면 무료로 주기 때문에, 보건소 엽산제를 나누어 먹는 알뜰한 부부들도 많다고 하니 참고하자.

Q A 예비 엄마를 위한 정보 대백과
"이런 것까지 궁금해?"

Q 임신하고 얼굴이 피었다는 말을 자주 듣는데, 진짜 피부가 좋아진 건가요?

A 임신 중에는 여성호르몬인 에스트로겐의 작용으로 피부가 화사해지면서 탄력이 생긴다. 얼굴이 하얗고 반짝반짝하게 피어나는데, 반대급부로 멜라토닌이라는 호르몬도 증가되어 기미가 생기거나 겨드랑이·외음부·유두 등이 어두워지는 변화도 겪게 된다. 평소 건성이었던 피부에도 윤기가 돌고 심지어는 지성으로 변하면서 여드름이 생기는 경우도 있는데, 매일 세안만 꼼꼼하게 해준다면 '예뻐졌다' '피었다'라는 화사한 칭찬을 더 오래 들을 수 있을 것이다.

Q 엽산 용량 질문입니다. 400, 800, 1000μg 중에 뭘 먹어야 하나요?

A 엽산제의 용량에 대해서도 말들이 많다. 임신 중인 여성이라면 누구나 엽산제를 꼬박꼬박 챙겨먹는데, 보통의 엽산제 한 알에는 엽산이 400μg 함유되어 있다. 함량이 높은 것은 하나에 1000μg(1mg)인

데, 삼키기 힘들기 때문에 400㎍짜리로 필요량만큼 조절해 먹는다. 보통 임신을 준비할 때는 400㎍, 임신 중에는 600㎍ 이상을 먹는다. 16주 이후에는 임산부용 영양제에 적당 용량이 함유되어 있기 때문에 추가적인 엽산 복용은 필요하지 않다.

Q 왜 이렇게 뼈가 시리고 춥죠?

A 임신 초기부터 배가 불러오기 전까지, 오한이 와서 덜덜 떤다는 임산부들이 많다. 5주차인데 가을부터 패딩 조끼를 입고 있다, 혹은 잘 때도 겨울 이불을 덮고 잔다 등등. 먼저 혈압을 체크하는 것이 좋은데, 손발 시림과 오한은 임신 초기에 오는 저혈압 증세 때문인 경우가 많기 때문이다. 실제로 체온도 평소보다 1~2도 떨어지게 된다. 이때는 한약 등을 복용하기보다는, 실내 온도를 높이고 수면양말과 패딩 등으로 몸을 따뜻하게 하는 것이 좋다.

Q 아랫배가 쿡쿡 아픈데 무언가 잘못되는 것 아닌가요?

A 임신 2~3개월차의 임산부들은 대부분 아랫배가 쿡쿡 쑤시는 경험을 한다. 태아가 성장한 다음에는 배 뭉침이나 당김 등의 현상이 나타나지만 초기에 가장 흔한 증상은 배꼽 아랫부분이 꾹꾹 쑤시는 것이다. 자궁이 커지는 과정에서 일어나는 자연스러운 현상이므로 통증에 놀라지 마시길. 한 번 출산을 경험한 산모들은 오히려 안 아프면 불안해서 병원을 찾기도 한다고.

Q 유산방지 주사라는 게 있다는데 어떨 때 맞는 거죠?

A 이전에 유산 경험이 있는 산모나, 약간의 하혈이 있을 경우 담당 의사는 유산방지 주사와 약을 처방해준다. 주사의 성분은 프로게스테론이라는 호르몬으로, 자궁의 벽을 두껍게 유지시켜 태아의 착상을 안정적으로 유지하는 데 도움을 준다. 무조건 맞을 필요는 없지만 임신 초기 하혈한 일이 있다면 반드시 병원에 가서 주치의와 상의해보도록 하자. 하지만 이는 태아보험에 가입할 때 심사받을 가능성이 있는 항목이므로 횟수 및 의사의 소견서 작성 등에 대해 보험 담당자와 미리 상의해두는 것이 좋다.

Q 팥이 임산부에 나쁘단 말이 있던데, 팥빙수가 먹고 싶어지면 어쩌죠?

A 몇 년 전 인기를 끌었던 드라마 〈넝쿨째 굴러온 당신〉에서, 임신 중이던 김남주가 팥빙수를 먹는 모습이 나와 임산부들의 질문이 빗발쳤던 일이 있다고 한다. 팥을 먹으면 안 된다고 하는 이유는 뭘까? 팥·율무는 찬 성질의 곡물이라 혈액순환에 방해가 되고 자궁 수축을 촉진할 수도 있기 때문인데, 밥 대신 팥을 먹는 등 과하게 섭취하는 것이 아닌 이상은 괜찮다고. 팥고물이 묻은 시루떡 한쪽을 무심코 집어먹고 죄책감에 시달릴 필요는 전혀 없다는 말씀!

Q 아직 배도 안 나왔는데, 허리가 왜 이렇게 아프죠?

A 임신 초기에 허리 통증을 호소하는 임산부가 많다. 심한 생리통처럼 허리가 끊어지는 것 같아서 자궁 외 임신을 의심하기도 하고, 정형외

과를 가보기도 한다는데, 특히 임산부들의 요통은 치골통이라고 해서 골반까지 이어지는 증상이 대부분이다. 심하게 아프다면 병원에 가야겠지만 약한 요통은 자연스러운 현상이다. 임신 초반에는 허리가 아팠다가, 임신 후기가 되면 꼬리뼈 쪽으로 통증이 내려간다. 요통은 평소 근력 운동을 안했던 이에게 더욱 심하다고 하니 자신의 운동 습관을 되짚어보자. 요가의 고양이자세 등으로 허리를 풀어주는 것도 좋다.

Q 아기집이 작아서 유산기가 있다는데, 어떡하죠?

A 임신을 확실하게 진단한 후에도, 임신 초기인 5~7주 사이에 아기집이 정상적으로 성장하지 않으면 유산기가 있다고 진단한다. 이때 갈색 피가 조금씩 비치는 것도 유산의 위험을 경고하는 신호 중 하나다. 앞서 말한 유산방지 주사를 맞은 뒤 되도록 움직이지 않고 안정하는 것이 최고의 처방이다. 임신한 여성들의 커뮤니티에서 빠르게 질정과 주사를 맞고 가사 및 직장 업무를 중단한 채 일주일 이상 누워 지내 극복했다는 경험담을 볼 수 있었다. 임신 후에는 착상혈이라고 해서 하혈을 약간 하기도 하는데, 이것과 갈색 혈은 구분되므로 본인의 몸 상태를 면밀하게 체크해보자.

Q 임신 중 뒷물을 할 때 청결제를 써도 되나요?

A 임신 중에는 분비물이 증가되기 때문에, 깔끔하게 여성청결제를 쓰고 싶어 하는 이들이 많다. 선배들의 추천 브랜드도 다양하다 유리**,

오이**, 크리**, 쉬즈**, 인팀* 등. 하지만 청결제는 생략하고 미지근하거나 따뜻한 맹물로 씻는 것을 추천한다. 뒷물은 치질 예방에도 효과가 있고 자궁과 직접적으로 통하는 입구인 질을 보호하는 의미도 크니까!

4개월

임신 12주차에 많은 여성들은 입덧이 끝나거나 약해지는 것을 경험하게 된다. 그동안 밥도 제대로 먹지 못하고, 심할 경우 어지러움 때문에 하루 종일 집에서 누워만 있어야 했던 입덧으로부터의 해방! 그래서 많은 임산부들은 이를 일컬어 '12주의 기적'이라고 한다.

12주가 되자마자 거짓말처럼 입덧이 싹 사라지는 경우도 있지만, 물론 그렇지 않은 경우도 있다. 억울하게 12주에 잠깐 사라졌던 입덧이 다시 돌아오기도 하고, 막달까지 계속 고생하기도 한다. 그래도 대개의 경우 12주의 기적을 경험한다고 하니, 희망을 가지고 그날을 기다려보자.

그런데 갑자기 입덧이 사라지면, 정작 엄마들은 혹시 뱃속의 아이에게 무슨 문제가 있는 게 아닐까 걱정을 한다. 하지만 피 비침이라든가 몸에 다른 이상이 없다면 입덧이 끝났다는 것은 기쁜 소식이므로 마음을 놓아도 된다. 입덧이 마법처럼 사라지는 이유는 정확히 밝혀진 바 없지만, 안정기에 들어서면서 몸이 임신 상태에 적응을 해서 그렇다는 설이 가장 유력하다.

느닷없이 찾아온 선물에 넋을 놓고 있으면 안 된다. 지금이야말로 누려야 할 때! 드라마에서 보던, 아닌 밤중에 산딸기라든가 요런 심부름을 남편에게 마음껏 시킬 수 있는 절호의 찬스! 솟아나는 식욕을 누르지 말고, 일평생 매달렸던 다이어트 따위는 저리 치우고, '먹방'에 한 번 도전해보자.

12주의 기적! 입덧 끝!

왔어 왔어. 드디어 왔어~

뭐가 왔어? 택배왔어?

아니 12주의 기적이 내게도 왔음. 오늘로 입덧 사라진 지 사흘째~ 기뻐해주~

오 축하축하 그 동안 그렇게 먹는 족족 토하고 힘들어하더니 이제 입맛 좀 돌아왔어?

응
아 진짜 그 동안 치느님을 봐도 우웩
밥냄새만 맡아도 우웩
남편 얼굴만 봐도… 이건 아닌가? ㅋㅋ

ㅎㅎ 뭐가 제일 먹고 싶어?
실컷 먹고 애기도 영양보충 해줘야지

애기보다 일단 내 배 먼저 ㅎㅎ
근데 진짜 신기하긴 하다
12주 됐다고 입덧이 딱 없어지냐

조심해. 내 친구는 11주에 사라졌던 입덧이 13주에 다시 돌아왔다고 했어 ㄷㄷㄷ

어허 말이 씨가 됨
그런 끔찍한 말은 훠이 훠이~

ㅋㅋ 그럼 오늘 일단 뷔페로 모여?

콜~
임산부의 식탐. 제대로 보여주겠어~

이달의 아기

4개월

키 5.4~11.6cm
몸무게 100~150g

오렌지만큼 자랐어요!

4개월차의 태아는 비로소 인간다운 모습을 갖추게 된다. 크기는 오렌지 정도로 작지만 손톱과 발톱이 자라고, 눈꺼풀과 귀가 자리 잡는 등 LTE급 폭풍 성장을 한다. 지금까지 가만히 웅크리고 자라는 데만 집중했던 아이는 이제 스스로 움직이는 게 가능해진다. 우선 늘어난 양수 덕에 머리를 도리도리 하거나 손발을 꼼지락하며 놀 수 있다. 또 내이가 완성돼서 자궁 밖에서 나는 소리를 듣기도 하고, 눈꺼풀이 자리 잡은 덕에 눈을 깜빡거리기도 한다. 입을 뻐끔대며 입술을 빠는 연습도 하고, 딸꾹질도 한다. 그뿐만이 아니다! 미뢰, 즉 맛을 느끼는 세포가 발달하여 엄마가 매운 걸 먹었는지 짠 걸 먹었는지 알 수 있다. 하지만 가장 솔깃한 것은 외부생식기가 발달하기 때문에 이 시기쯤 되면 초음파를 보고 딸인지 아들인지 알 수 있게 된다는 점! 물론 법적으로 태아의 성별고지는 32주 이후에나 가능하지만, 초음파 사진 속에서 무언가(?)가 보였다면 아들일 확률이 높다.

이달의 엄마

엄마는 드디어 '살 만하다'는 임신 중기로 접어들며, 몸과 마음이 안정되면서 불안감이 사라진다. 무엇보다 기쁜 소식은 입덧이 가라앉으면서 그동안 변기통을 부여잡았던 나날들과 작별을 고할 수 있다는 것! 대신 식욕이 증가하기 시작한다. 입덧 때문에 못 먹었던 과거를 보상하기라도 하듯 돌아서면 배가 고플 정도. '내가 아니라 아이가 배고픈 거야'라는 핑계를 대고 마음껏 먹을 수 있으니 천국이 따로 없구나 싶겠지만, 빛이 있으면 그늘도 있는 법!

아이가 빠르게 성장하면서 아랫배가 눈에 띄게 부풀기 시작한다. 배가 나오면서 등과 허리에 압박이 가해져 통증이 생긴다. 또 체중이 증가해 배와 가슴, 엉덩이, 허벅지 등에 튼살이 나타나기 시작한다. 보통 4개월 차부터 철분제를 복용하는데 철분제를 먹으면서 변비가 심해지기도 한다. 변기통을 부여잡지 않는 대신 이제 그 위에 앉아서 보내는 시간이 늘어날 것이다. 이 모든 변화가 기쁘지는 않겠지만 대개 출산 후에는 원래

대로 돌아오니 너무 걱정하거나 노여워하지 말자.

> **잠깐! 이 시기에 받는 검사**
>
> **통합 검사** 이 시기에 엄마가 놓치지 말고 받아야 하는 검사로 흔히 기형아 검사라고 말하는 '통합 검사'가 있다. 통합 검사란 엄마의 혈액을 통해 다운증후군, 에드워드증후군 및 신경관 결손의 위험을 예측하는 검사로, 기존의 트리플 검사나 쿼드 검사와 가려내는 항목은 비슷하지만 발견율이 90% 이상으로 정확도가 더 높다.
>
> **양수 검사** 기형아 출산 위험이 상대적으로 높은 35세 이상의 고령 산모나 쌍둥이 산모, 기형아 가족력이 있는 임신부 등이 주로 받게 된다. 염색체 검사나 트리플 검사에서 이상 소견이 있을 경우에도 양수 검사를 진행할 수 있다.

임산부를 위한 황금 밥상

입덧이 끝나고 찾아오는 폭풍 식욕! 돌아서면 먹고 싶고, 먹고 나서 또 먹고 싶다! 하지만 아무거나 먹을 수는 없는 법. 엄마와 아이 모두의 건강을 위해 꼭 필요한 영양분을 골고루 섭취해주어야 한다.

임신 중 잘 챙겨먹어야 하는 영양소 삼총사는 엽산, 철분, 칼슘. 특히 엽산은 잘 알려진 대로 태아의 성장과 발달에 관계가 있고, 특히 신경조직을 만드는 데 중요한 역할을 한다. 엽산이 부족할 경우 태아의 신경과 뇌에 장애가 생길 수 있으므로, 임신 계획을 세운 시점부터 엽산제를 복용하는 게 좋다.

철분은 태아의 혈액을 생성한다. 철분이 부족할 경우 출산시 산모의 과다출혈로 큰 문제가 생길 수 있다. 칼슘 역시 태아의 발육에 도움을 주며, 엄마의 건강을 위해서도 절대 놓쳐서는 안 된다. 태아의 성장을 위해서는 일정량의 칼슘이 필요한데, 이때 필요한 만큼의 칼슘이 확보되지 않으면 엄마 자신에게 쓰여야 할 칼슘까지 아이에게로 간다. 뼈 안에 저

장되었던 칼슘이 빠져나가면 엄마는 나중에 골다공증 등의 질병으로 고생할 수밖에 없으니 칼슘 섭취에 신경 쓰자!

이 삼총사 외에 요즘 엄마들이 중요하게 생각하는 영양소는 바로 오메가3! 오메가3 지방산의 대표주자인 DHA는 뇌와 망막을 구성하는 필수 요소다. 아이가 DHA를 충분히 전달받지 못한 경우, 뇌세포가 제대로 분화되지 않을 수 있다. 또한 임신했을 때 엄마가 DHA를 섭취하면 아이의 주의력결핍과잉행동장애(ADHD) 위험성을 낮추어준다는 연구 결과도 있다.

임산부 영양소 3총사			추가 영양소
엽산 시금치	**철분** 연근, 달걀, 토마토	**칼슘** 미역, 멸치	**오메가3 지방산** 호두

그렇다면 몸에 좋은 영양소들을 골고루 섭취하기 위해 임신부는 어떤 음식을 먹는 게 좋을까? 여기, 여러분의 밥상을 빛내줄 열 가지 식재료를 소개한다.

1) 시금치

'엽산의 왕'이라고 불리는 시금치에는 유산을 막아주는 비타민 E가 다량 함유돼 있다. 비타민 E는 임신과 해산을 돕는다고 하여 항불임성 비타민 또는 생식 비타민이라 불린다. 부족할 경우 자궁과 태반 핏줄이 손상될 수 있으므로 임신 중 반드시 충분하게 섭취해야 한다. 또 시금치에는 비타민 C와 A도 풍부해 튼살을 걱정하는 임산부의 피부 탄력에 도움을 준다.

2) 콩

채식주의자가 늘어나면서 더 많은 사랑을 받고 있는 콩! 콩은 '밭에서 나는 고기'로 불릴 만큼 단백질이 풍부하다. 태아의 뇌를 생성하는 데 도움을 주며, 해독 작용이 뛰어나 임신 중 부종을 완화해준다. 최근 이효리가 즐겨 먹어 선풍적인 인기를 끌고 있는 '렌틸 콩' 역시 세계 5대 건강식품이자 세계 10대 항암식품으로 꼽힌 음식. 비타민·미네랄·식이섬유가 풍부하게 함유되어 있으며, 아연 함량이 다른 콩에 비해 두 배나 많아 임산부에게 더욱 좋다. 아연은 어디에 쓰이냐고? 체력이 떨어지기 쉬운 임산부의 면역력을 높여준다는 사실!

3) 미역

산후조리원에 들어간 산모들이 제발 그만 좀 먹고 싶다고 부르짖는 미역! 미역은 출산한 여성뿐 아니라 임신 중인 여성에게도 좋으므로 미리미리 미역과 친해져보자. 미역에는 칼슘이 풍부하여 태아의 뼈와 치아 형성에 도움을 준다. 또한 함유된 요오드가 혈액을 맑게 해주고, 식물성 섬유질인 알긴산이 변비를 예방한다.

4) 연근

연꽃의 뿌리인 연근은 임산부에게 필요한 철분을 공급해주어 빈혈과 어지럼증 예방에 좋다. 연근을 자를 때 생기는 끈끈한 점액질은 무틴

(mutin)이라고 하는데, 이 점액질이 소화불량과 가슴 통증 등 속쓰림 증상에 좋다.

5) 호두

뇌를 닮은 모양 덕에 '두뇌 발달' 하면 가장 먼저 떠오르는 브레인 푸드 호두! 호두에는 기억력을 향상시켜주는 아연과 두뇌 발달을 돕는 오메가3 등이 풍부하다. 똑똑한 아이를 낳고 싶다면 호두는 필수! 또 변비 예방에도 좋아서 많은 전문가들이 임산부를 위한 간식으로 추천한다.

6) 두부

대표적인 고단백 식품인 두부! 단백질은 태아의 성장과 뇌세포 발달에 중요한 역할을 하므로 임신했을 때 잘 챙겨 먹어야 한다. 몸에 좋은 식물성 단백질이 풍부한 두부를 자주 먹도록 하자. 칼슘도 풍부해서 엄마의 골다공증 예방에 좋다.

7) 달걀

완전식품이라고 불리는 달걀에는 단백질뿐 아니라, 학습능력을 향상시켜주는 물질도 많이 들어 있다는 사실! 노른자는 기억력, 학습능력에 관여하는 두뇌신경전달 물질인 아세틸콜린의 원료인 콜린이 들어 있어서 주의력과 집중력을 키워준다. 또 사람의 뇌에서 수분을 제외한 나머지 성분 가운데 30%를 차지하는 것이 레시틴인데, 달걀은 세상의 모든 식품 중에서 레시틴을 가장 많이 함유하고 있다.

8) 토마토

항암식품의 대표주자 토마토! 영국 속담 중에는 '토마토가 빨갛게 익어가면 의사의 얼굴이 파랗게 질린다'라는 속담이 있을 정도다. 칼륨, 섬유질, 비타민 C가 풍부해서 신진대사를 촉진시키고, 혈액순환을 원활하게 해주므로 임신 중독 증상이 있는 여성에게 아주 좋다.

9) 알토란

임산부 100명 중 10명이 걸린다는 방광염! 알토란은 방광염 예방에 좋다. 또 토란에는 멜라토닌이 들어 있어서, 임신 중 날카로워진 신경을 안정시키고 우울증을 해소하는 데 도움을 준다.

> **여기서 잠깐! 임신 중 방광염에 걸리기 쉬운 이유는?**
> 임신 중에 분비되는 릴랙신과 프로게스테론이라는 호르몬이 장기를 이완시키는데, 이 때문에 소변의 흐름에 영향을 주는 관도 느슨해진다. 그 결과 박테리아가 거슬러 올라가 감염을 일으키기 좋은 환경이 조성된다.

10) 멸치

칼슘이 풍부한 멸치는 태아의 뼈 형성 및 엄마의 골다공증 예방에 도움을 준다. 또 DHA가 풍부해 성인의 기억력 향상 및 뇌세포 활성화, 태아의 두뇌 형성에 큰 영향을 끼친다.

임신 중 해산물을 먹어도 될까?

임신 중에 해산물을 먹어도 되는지 걱정하는 사람들이 많다. 평소 해산물을 무척 좋아하는데, 못 먹어서 스트레스를 받는다는 글도 부지기수. 전문가들은 오히려 못 먹어서 스트레스를 받느니, 잘 손질된 해산물을 조금씩 먹는 게 낫다고 말한다. 물론 식중독이나 알레르기 유발 우려가 있으므로 회 같은 날 음식을 자주 먹는 것은 좋지 않다. 특히 참치, 다금바리 등 큰 생선은 중금속이 축적되어 있기 때문에 가능하면 피하는 것이 좋다. 임산부들에게 특히 좋다고 추천되는 해산물로는 보양식으로 알려진 전복, 장어, 해삼 등이 있다.

고단백 식품인 전복은 몸에 생기를 주고, 원기 회복에도 효과적이어서 성장기 어린이나 노약자, 임산부에게 좋다. 전복에 많이 함유된 타우린은 태아의 망막 형성에 도움을 준다. 예로부터 임산부가 전복을 먹으면 시력이 좋은 아이를 낳는다는 말이 있었다.

힘의 상징 장어 역시 단백질이 풍부해서 태아의 두뇌 발달과 엄마의 기력 회복에 좋다. 또 비타민과 철분이 풍부해 골다공증 예방에도 좋다. 다만 장어에 들어 있는 비타민 A 때문에 장어 먹기를 망설이는 임산부들이 있는데, 함유량이 매우 적기 때문에 걱정할 정도는 아니다. 간혹 장어의 찬 성질 때문에 설사를 할 수 있으므로 반드시 생강과 함께 드시길.

바다의 인삼이라 불리는 해삼 역시 단백질과 철분, 칼슘이 풍부해 임산부에게 최고의 보약이다. 해삼에는 양수를 맑게 하고 태아의 집을 편안하게 하는 안태 효과가 있어서 습관성 유산에 도움이 된다. 『동의보감』은 임신 중 보약을 쓸 때는 인삼 대신 해삼을 넣는 것이 좋다 했고, 조선시대 『태교신기』는 '자식이 단정하기를 바라거든 잉어를 먹고, 총명하기를 바라거든 해삼을 먹고, 해산에 임해서는 새우와 미역을 먹으라'며 해삼의 효능을 강조했다.

4개월

뚝딱 레시피

몸에 좋은 재료가 무엇인지 알았더라도 날것으로 심심하게 먹을 수는 없는 법. 후루룩 뚝딱- 금방 만들 수 있고, 요리 못하는 남편에게도 시킬 수 있는 쉬운 레시피가 필요하다! 임산부만을 위한 황금밥상 레시피를 소개한다.

> 1. 트렌디한 렌틸콩 샐러드
> 2. 브런치 대표 메뉴 시금치 프리타타
> 3. 입맛 도둑 두부 스테이크
> 4. 뇌를 쑥쑥 키우는 견과류 조림

트렌디한 렌틸콩 샐러드

이효리의 아침 밥상으로 화제가 됐던 렌틸콩 샐러드! 렌틸콩을 삶은 후, 야채와 곁들여 먹으면 되니 이보다 간단할 수 없다. 간단하지만 영양 만점인 렌틸콩 샐러드는 한 끼 식사로도 충분하다.

재료 렌틸콩, 샐러드용 야채, 올리브유, 발사믹 식초

1. 렌틸콩을 냄비에 넣고 삶는다. 물의 분량은 렌틸콩의 2배 정도.
2. 물기가 남지 않을 때까지 약 15분가량 콩을 삶은 후 불을 끄고 식혀준다.
3. 2에 올리브유와 발사믹 식초를 넣고 살짝 볶는다.
4. 양상추, 토마토 등 채소와 함께 먹는다.

브런치 대표 메뉴 시금치 프리타타

달걀에 여러 가지 재료를 섞어 넣어 만든 이탈리아식 오믈렛, 프리타타. 브런치 메뉴로도 인기가 좋지만, 집에서도 간단히 만들 수 있다! 밖에 나가지 않고 기분 내고 싶을 때 활용 가능한 폼 나는 음식.

재료   계란, 시금치, 우유, 토마토(혹은 방울토마토), 냉장고 속 각종 재료(양파, 버섯, 파프리카, 베이컨 등등)

1 냉장고 속에서 꺼내온 각종 재료를 프라이팬에 올려놓고 달달 볶는다.
2 재료가 어느 정도 익으면 시금치를 넣고 살짝 익을 때까지 볶는다.
3 계란을 풀고, 거기에 우유를 섞는다.
4 2의 익은 채소 위에 3을 붓는다.
5 4에 한입 크기로 썬 토마토(혹은 반 자른 방울토마토)를 넣고 약불에서 20분간 익힌다.

입맛 도둑 두부 스테이크

〈생생정보통〉에 소개되며 수많은 사람들을 혹하게 만들었던 바로 그 음식! 레스토랑에서 칼질을 하며 큰 돈 쓰지 않고도 먹을 수 있는 초간단 보양식이다.

재료 두부, 달걀, 양파, 빵가루, 바질가루(생략 가능), 후추, 소금

1. 두부를 으깬 뒤 물기를 짜준다.
2. 양파 1/2개를 잘게 썰어 으깬 두부와 섞는다.
3. 2에 달걀 1개, 빵가루 세 줌, 소금 조금, 후추 조금을 넣어 반죽한다.
4. 반죽이 단단해지면 손바닥 위에 올려놓고 넓적 동그랗게 모양을 만들어 준다.
5. 4를 오븐 혹은 프라이팬에 굽는다. 프라이팬에 구울 경우, 오븐에 구울 때보다 얇게 만들어야 속까지 잘 익는다.

뇌를 쑥쑥 키우는 견과류 조림

견과류하면 밥 반찬도 되고 간식도 되는 견과류 조림이 으뜸! 〈꽃보다 누나〉에서 김희애가 떠나기 전날 집에서 만들어갔던 바로 그 반찬, 여배우의 밥도둑을 만들어보자.

재료 아몬드·호두·잣·땅콩 등 각종 견과류, 설탕, 간장, 올리고당

1 호두는 떫은 맛을 없애기 위해 끓는 물에 살짝 데친다.
2 냄비에 아몬드, 호두, 잣, 땅콩 등을 넣고 간장, 물, 설탕을 6:1:4 비율로 넣은 뒤 졸인다. 조림장의 양은 견과류 양에 맞게 가감한다.
3 어느 정도 졸아들면 올리고당을 넣어 윤기가 돌 때까지 조금 더 졸인다.

먹지 마세요~
예비 엄마들이 피해야 할 음식은?

임신 기간만큼은 뭐든 골고루 잘 먹는 게 좋지만, 오히려 먹으면 독이 되는 음식도 있다. 한두 개 먹었다고 해서 당장 큰일이 나는 건 아니어도, 가급적 피하는 게 좋은 음식들! 한 번 알아볼까요?

1) 감

부드럽고 달콤한 홍시! 하지만 임신 중일 때 많이 먹으면 감속의 타닌이 체내에서 철분과 결합해 철분이 부족해질 수 있다. 그러면 빈혈을 일으킬 수 있으므로 감은 조금씩만 섭취해야 한다.

2) 율무

고소하고 영양 만점인 율무차! 몸속 노폐물을 제거하는 데 탁월한 효과가 있지만 임신 중에 많이 먹으면 수분이나 지방질까지 제거되어 태아의 성장을 방해할 수 있다.

3) 녹두

비 오는 날이면 생각나는 녹두전! 하지만 성질이 찬 녹두는 임신부의 소화 기능을 약하게 만든다. 또, 소염 효과가 강해 지방질을 녹이기 때문에 태아의 건강에 악영향을 미친다고 알려져 있다.

4) 팥

여름의 대표 간식 팥빙수와 동지의 상징 팥죽! 팥은 임신 중에 많이 먹으면 피부가 거칠어지고 소화가 잘 안 된다. 또, 붉은 팥은 호르몬의 분비를 왕성하게 해 과다 섭취 시 태아의 기형 확률을 높인다.

5) 백설탕

설탕은 '칼슘 도둑'이라고 불린다. 설탕이 몸 안에서 분해될 때 칼슘이 소비되기 때문에 설탕을 많이 먹으면 임산부에게 꼭 필요한 칼슘 부족에 빠질 수 있다.

6) 초콜릿

임신 기간 중 초콜릿을 많이 섭취하면 출산 후 유즙 분비를 방해해 모유가 잘 나오지 않을 우려가 있다. 또 초콜릿에는 카페인이 함유돼 있어 수면을 방해할 수 있다.

7) 탄산음료

탄산음료에는 인이 많이 들어 있어 체내의 칼슘 흡수를 방해한다. 칼슘이 부족하면 임산부는 물론 태아의 뼈와 치아 발달에 좋지 않은 영향을 미친다.

8) 인스턴트 식품

햄·소시지·라면 등 인스턴트 식품은 소화 후 몸속에 불필요한 노폐물을 남긴다. 일주일에 1회 이하로 제한하는 것이 좋다.

9) 알로에

녹두와 마찬가지로 알로에는 성질이 차가울 뿐 아니라, 한방에서는 기를 아래로 끌어내리는 기운이 강하다고 하여 임산부에게 쓰면 좋지 않은 것으로 규정한다.

10) 식혜

식혜는 전통적으로 젖을 말릴 때 사용했던 음식이다. 엿기름은 젖의 양을 줄게 하기 때문에, 모유수유를 할 예정이라면 식혜를 피하는 것이 좋다.

임신, 오해 혹은 진실

인류의 역사와 함께 해온 임신! 임신에 관해서는 예로부터 전해져 내려오는 '썰'들이 많다. 이랬다 카더라 저랬다 카더라~ 진실인지 아닌지는 판단하기 어렵지만 알아두면 재밌고, 몰라도 해롭지는 않은 임신 관련 '카더라 통신'을 파헤쳐보자.

아들, 딸 성별 감별법

- 윗배가 많이 부르면 아들, 아랫배가 많이 부르고 처져 있으면 딸.
- 배 모양이 둥글고 펑퍼짐하면 아들, 앞으로 볼록하면 딸.
- 배꼽이 쏙 들어가면 아들, 볼록 튀어나와 있으면 딸.
- 임산부 뒤태가 펑퍼짐하면 아들, 임신한 줄 잘 모르겠으면 딸.
- 태동이 힘차고 전체적으로 느껴지면 아들, 이곳저곳에서 찔끔찔끔 느껴지면 딸.
- 임신 중에 고기가 먹고 싶으면 아들, 채소나 과일이 먹고 싶으면 딸.

• 임신 중 피부가 나빠지면 아들, 피부가 좋아지면 딸.

임신에 관련된 속설

• 임신 중 닭고기를 많이 먹으면 아이 피부가 닭살로 태어난다.

• 임신 중 게를 먹으면 아이가 옆으로 걷는다.

• 임신 중 오리를 먹으면 손가락 발가락이 붙어서 태어난다.

• 임신 중 콜라를 많이 마시면 아이 피부가 까맣게 된다.

• 임신했을 때 새우깡을 많이 먹으면 등이 굽은 아이가 태어난다.

▶ 위의 속설은 모두 음식의 생김새에서 비롯된 오해일 뿐, 전혀 근거가 없다.

• 임신 중에 누굴 미워하면 아이가 그 사람을 닮는다. 예) 시어머니.

변비, 비켜~

임신 후, 본인이 더 소중한 사람이 된 것 같다고 느끼는 여성들도 있는 반면 달라진 몸에 적응하지 못하고 여자로서 자신감이 떨어진다는 여성들도 있다. 그도 그럴 것이 몸이 점점 배불뚝이가 되고, 아무 때나 구역질을 하거나 토하는 시기를 지나 변비에 치질까지 생기기 때문!

많은 여성들이 임신과 동시에 찾아온 변비 때문에 고생을 한다. 임신 기간 동안 변비가 생기는 이유는 태아로 인해 커진 자궁이 내장을 눌러서 소화가 잘 안 되는 데다, 임신을 유지시켜주는 황체호르몬이 대장 내벽의 근육을 이완시켜 변을 밀어내는 힘이 약해지기 때문이다. 게다가 4개월 무렵부터 먹는 철분제에는 장운동을 억제하는 성분이 있어 변비를 더욱 악화시킨다. 변비를 탈출하기 위해서는 꾸준한 노력이 필요하다. 여기, 변비 탈출 5계명을 소개한다.

변비탈출 5계명

1. 아침에 물 두 컵!

밤새 잠을 자면서 대장이 휴식을 취하기 때문에, 아침에는 조금만 자극을 주어도 바로 대장에 신호가 온다. 물은 변을 부드럽게 해주므로, 아침에 일어나면 물을 두 컵 정도 마셔서 대장을 '출동' 상태로 만들어주는 것이 좋다.

2. 정해진 시간에 화장실로

우리는 습관의 동물이다. 매일 일정한 시간(가능하면 아침)에 화장실에 가서 '배변 리듬'을 만들어주면 그 시간마다 변의를 느끼게 된다. 혹시 대변을 보지 못하더라도 5분 이상 앉아 있지 않는 것이 좋다. 오래 앉아서 무리하게 힘을 주면 치질이 생길 수 있기 때문!

3. 유산균 섭취는 필수

유산균이 좋다는 것은 이제 누구나 아는 사실! 유산균은 장내 유익균과 유해균의 이상적인 비율을 맞춰주는데, 장내 유익균은 대장의 연동운동을 촉진해 소화 및 배변 활동을 돕는다.

4. 식이섬유로 장을 유연하게

내 몸의 청소부라고 불리는 식이섬유! 식이섬유는 장 내에서 수분과 결합해 대변의 양을 늘려주고 장운동을 돕는다. 사람마다 효과를 본 음식들이 저마다 다르니, 몇 가지를 정해 식이섬유를 꾸준히 그리고 충분히 섭취하는 것이 좋다.

> **여기서 잠깐! 선배 엄마들이 추천하는 식이섬유 10대 음식**
>
> 사과/ 현미밥/ 푸룬 주스/ 후숙한 키위/ 양배추/ 고구마/ 곤약/ 청국장환/ 다시마/ 포도

5. 요가

고양이 자세 허리와 골반을 스트레칭하는 동작을 통해 위와 장을 자극시켜 주기 때문에 변비를 해결하며 내장지방을 분해하는 효과를 기대할 수 있다.

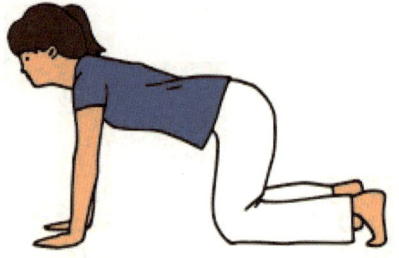

① 무릎을 꿇은 상태에서 상체를 앞으로 숙인다. 두 팔로 상체를 지탱해 기어가는 자세를 만든다.

② 두 손과 두 무릎을 각각 어깨너비 만큼 벌린다.

③ 숨을 들이마시면서 목과 얼굴을 뒤로 젖히고 허리를 움푹 낮춘다.

④ 숨을 내쉬면서 이번에는 반대로 허리를 위로 둥글게 끌어당기고, 고개를 숙여 배꼽을 바라본다.

바람빼기 자세

복부 주변의 긴장을 풀어주어 체내의 가스와 노폐물을 제거하는 데 효과적이다.

① 두 다리를 모으고 눕는다.
② 한쪽 무릎을 접어 가슴까지 끌어당긴다.

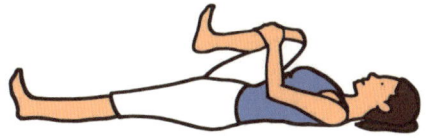

③ 양손을 뻗어 무릎 아래에서 깍지를 낀다.
④ 15초 정도 유지하고 반대편도 되풀이한다.

임신 후 다가온 새로운 공포, 튼살!

임신한 여성을 괴롭히는 또 다른 문제는 바로 피부 트러블. 없던 여드름이 나서 고민하는 경우도 있고 기미가 진해져 거울 앞에서 보내는 시간이 길어지기도 하지만, 역시 가장 큰 문제는 튼살이다. 임산부의 90%가 경험하는 데다, 넓은 면적에 걸쳐 생긴 흔적이 출산 후에도 사라지지 않는 골칫거리. 특히나 배를 드러내는 만삭 촬영이 일반화된 요즘, 배에 생긴 튼살은 더더욱 반갑지 않은 손님이다. 이제 출산 후에 비키니도 입을 수 없는 것 아닐까?!

전문 용어로 '팽창선조'라고 불리는 튼살은 피부가 갑자기 팽창하면서 나타나는 흔적을 말한다. 급격한 체중 증가, 부신피질 호르몬 증가 등의 원인 때문에 피부 속 콜라겐과 엘라스틴에 변성이 일어나 생기는 것. 처음에는 붉은색 선이나 띠를 두른 듯한 형태로 나타나지만 시간이 지나면서 그 색이 흐려지고, 마지막에는 백색으로 변하며 주름지고 위축된 피부로 남게 된다. 더욱 절망적인 것은 튼살은 한번 생기면 자연적으로 개선되기 어렵다는 사실! 그러므로 생기지 않게 관리하는 것이 가장 좋고, 생기면 최대한 이른 시기에 잡아야 한다.

> **여기서 잠깐! 임신선이란?**
>
> 임신선은 배꼽을 지나 복부 중앙에 수직으로 생기는 검은 선을 말한다. 아기가 커감에 따라 복부 근육이 늘어나면서 피부에 색소 침착이 생기기 때문! 튼살의 증상 중 하나로 보며, 약 70% 이상의 임신부에게 나타난다.

해결 방법은 튼살 크림을 바르는 것밖에 없다. 물론 크림을 바른다고 해서 튼살이 생기지 않는 것은 아니다. 많은 경험자들이 튼살은 '복불복'이라고들 말한다. 꾸준히 크림을 바르며 관리했지만 튼살이 생긴 사람도 있고, 전혀 바르지 않았지만 튼살이 하나도 생기지 않은 사람도 있다. 하지만 복불복이라고 해서 손 놓고 하늘의 뜻만 기다릴 수는 없는 법! 튼살 크림을 꾸준히 발라두면 피부 탄력과 유연성을 높여준다고 하니, 여기에 한 가닥 희망을 걸어보는 수밖에!

튼살 크림은 꾸준히 바르는 것이 중요하다. 하루 세 번 이상! 복부, 허벅지, 엉덩이, 무릎, 가슴, 옆구리, 팔 등 살이 늘어나기 쉬운 곳에! 피부에 원을 그리듯 마사지와 함께! 효과를 높이고 싶다면 크림을 바른 후 오일도 덧바르는 게 좋다. 무엇보다 중요한 것은 샤워 후 물기가 마르기 전에 바르는 것. 어떤 상황에서도 피부를 건조한 상태로 방치하지 말아야 한다.

여기서 잠깐! 튼살 크림, 아무거나 발라도 되나요?

튼살 크림에는 비타민 C, 콜라겐, 각종 아미노산이 들어 있다. 이런 성분은 임신 중에 써도 안전하다. 하지만 재스민, 주니퍼, 페퍼민트, 로즈마리 등 허브 성분이 포함된 제품은 주치의에게 문의한 뒤 조심스럽게 사용해야 한다. 어떤 허브 성분은 개인의 체질에 따라 유산에 영향을 줄 수도 있기 때문이다. 파라벤 등 합성 방부제와 스테로이드 성분은 피해야 하며, 타르계 색소 역시 염색체 이상을 초래할 수 있으니 임신 중에는 피해야 한다.

어머, 이건 꼭 알아야 해~ 보건소 완전 정복

TV에 등장하는 보건복지부의 출산장려 캠페인을 보며 많은 사람들이 격세지감을 느낄 것이다. 30년 만에 우리나라의 인구정책이 180도 바뀌었기 때문! '하나만 낳아 잘 살자'거나 '덮어놓고 낳다보면 거지꼴을 못 면한다'고 할 때는 언제고, 하나보다는 둘이 좋다고 너도나도 나서서 외치고 있는 요즘! 충분치는 않으나 출산 장려를 위해서 국가에서 마련해 둔 지원책이 있으니 알뜰살뜰한 엄마들이여, 각종 혜택을 모아모아 돈 굳히기에 들어가자.

1) 임신 반응 검사

보건소에서 무료로 임신 사실을 확인하는 검사를 받을 수 있다! 임신일 경우, 임산부 등록을 하고 바로 혜택을 누리면 된다. 처음 등록하면 산모·어린이 건강수첩뿐 아니라 카드 지갑이나 손거울 등의 선물을 주고, 버스나 지하철 등 공공장소에서 좌석을 배려받을 수 있도록 임산부증을 준다. 주차 스티커를 주는 지역도 있는데, 이를 부착하면 임산부 전용 주차장에 주차할 수 있다. 장애인 구역에는 주차할 수 없으니 주의할 것. 임산부 전용 주차장이 많지 않아 불만의 목소리가 높다고 하니 개선의 여지가 있는 듯!

2) 7~8주 기초 혈액 검사

임신 초기 검사 또한 보건소에서 무료로 받을 수 있다. 보건소마다 항목이 다를 수 있으니 미리 체크하는 게 좋겠다. 빈혈, 콜레스테롤, 풍진, 간 기능, 에이즈, 매독, 일반 혈액 검사, B형 간염 검사, 혈액형 검사, 소변 검사 등은 대부분 보건소에서 가능하다. 혹시 더 정밀한 검사를 원한다면 보건소에서 미리 기초 검사를 받은 후, 병원에 결과지를 제출하고 빠진 항목만 선택해 추가 검사를 하면 비용을 절약할 수 있다.

3) 11~18주 기형아 검사

임신 중기의 기형아 검사인 트리플/쿼드 검사를 보건소에 가면 공짜로 받을 수 있다. 최근 병원에서는 통합 검사를 많이 시행하는데 기본적으로 통합 검사나 트리플/쿼드 검사는 정확도의 차이가 있을 뿐 가려낼 수 있는 항목은 같다(다운증후군, 에드워드증후군 및 신경관 결손 여부 확인). 그러므로 통합 검사를 받을지 트리플/쿼드 검사를 받을지는 엄마의 선택!

4) 엽산제와 철분제 지원

임산부에게 꼭 필요한 엽산과 철분! 임신 3개월차까지 보건소에서 무료로 엽산제를 받을 수 있으며, 5개월차부터 분만 전까지는 철분제를 무료로 받을 수 있다. 빈혈이 있을 경우 검사 결과지를 제출하면 추가로 필요한 분량을 더 지급해주는 보건소도 있으니 미리 확인해보자.

5) 복부 초음파 검사

초음파 검사 또한 보건소에서 무료로 받을 수 있다. 초음파 검사는 아기집이 생기는 임신 9~10주 이후부터 가능하며, 보건소마다 해주는 곳과 해주지 않는 곳이 있다고 하니 미리 확인한 뒤 예약하자.

6) 임신성 당뇨 검사

30세 미만 여성은 산부인과에서 2만원(30세 이상은 보험이 적용돼서 본인부담금 500원 내외)을 내고 받아야 하는 임당 검사! 보건소에서는 이 또한 무료로 받을 수 있다. 임신성 당뇨는 임신 24~28주 사이에 시행하며 받기 전에 꼭 공복 상태로(검사 전 2시간 공복 필수, 이후 주스나 사탕 금지) 찾아가야 한다.

7) 임신 관련 프로그램

예비 부모를 위한 강의도 보건소에서는 무료로 들을 수 있다. 다른 산모 교실처럼 추첨제로 운영되지 않으며 누구에게나 열려 있다고 하니 자신의 지역 보건소에서 열리는 강의 스케줄을 확인해두도록 하자. 16주 이상의 임신부를 대상으로 이루어지며 임신 중 건강관리와 태교, 출산 정보와 출산 후 기초 육아정보를 제공한다.

8) 유축기 등 육아용품 무료 대여

없는 게 없는 보건소! 유축기와 수유쿠션, 기저귀, 육아서, 태교 및 아기 두뇌 계발 CD, 라마즈 체조 비디오 등 임산부를 위한 많은 용품들을 구비해놓고 있다. 이 또한 보건소마다 구비된 물품 목록이 다르니 확인해보자. 먼저 손 뻗는 사람이 임자니까!

9) 고운맘 카드

보건소의 혜택은 아니지만, 국가가 주는 놓칠 수 없는 혜택 고운맘카드! 고운맘카드란 임신 기간 동안 임신과 출산에 관련된 진료비용 50만 원(다태아 임산부는 20만원 추가 지원)을 국가에서 지급해주는 카드다. 분만예정일 이후 60일까지 사용할 수 있으며, 사용하지 않은 돈은 자동 소멸되니 임신 기간 동안 아끼지 말고 다 써버리자!

신청방법 국민건강보험공단 지사, 우체국 또는 KB국민은행, 신한은행에서 신청할 수 있다. 본인의 임신확인서 1부와 신분증을 지참하면 된다.

문의전화 보건복지콜센터 129

10) 마더세이프 전문센터

임신 중 이럴 때는 어떻게 할지, 저럴 때는 어떻게 할지 궁금한 게 많은 이들을 위해 국가에서 무료 상담소를 운영한다. 임신 중 감기약, 피임약 등 안전한 약물 사용에 대한 상담도 가능하다. 무료 상담전화(1588-7309), 홈페이지(www.mothersafe.or.kr)를 통하여 온·오프라인으로 상담할 수 있다.

잠깐! 보건소 혜택을 이용하기 전 미리 확인해야 할 것

혜택은 지역별 보건소마다 다르기 때문에 본인이 살고 있는 보건소에서 어떤 지원을 해주는지 먼저 체크하는 것이 좋다. 직장인들은 보건소 운영 시간에 맞출 수 없다며 슬퍼하지 말 것! 직장맘을 위한 야간진료(매주 화, 목 오후 6~9시)와 토요 진료(매월 둘째, 넷째 주 토요일 오전 9시~오후 1시)가 있다. 독자 여러분 모두 바닥까지 싹싹 긁어 혜택을 누리시길.

Q A 예비 엄마를 위한 정보 대백과
"이런 것까지 궁금해?"

4개월

Q 임신 중, 음식을 잘못 먹고 발진에 가려움증까지 생겼습니다. 약을 발라도 될까요?

A 음식을 잘못 먹고 알레르기 증상이 생겼을 경우, 무조건 참지 말고 병원을 찾도록 하자. 가까운 피부과에 방문해 임신 사실을 알리고 연고를 처방받아도 좋고, 정기 검진 때 산부인과에 가서 상담해도 좋다.

Q 4개월부터는 철분제를 먹어야 한다 해서 먹고 있는데, 철분제만 먹으면 속이 울렁거리고 변비 증상이 심해집니다. 철분제, 안 먹으면 안 될까요?

A 임신 중에는 혈액의 양이 늘어나기 때문에, 임신 전에 빈혈 증상이 전혀 없던 사람일지라도 임신을 하고 나면 철분이 부족해지기 쉽다. 또 철분은 식품만으로는 흡수하기 힘드니, 철분제는 반드시 섭취하는 것이 좋다. 최근에는 변비 증상을 개선시킨 철분제나 액상 철분제가 있으니 변비가 심하다면 주치의와 상의 후 철분제를 바꾸어보자.

또 철분제 대신 철분 주사(1회 접종비용 5~10만원)를 맞을 수도 있다.

Q 철분제는 오렌지 주스와 함께 먹는 게 좋다던데, 원래 약은 물이랑 먹는 것 아닌가요?

A 아무리 고용량의 철분제라고 해도, 체내 흡수율이 떨어진다면 소용이 없다. 오렌지 주스에 함유된 비타민C는 칼슘의 흡수를 도와준다. 그러므로 철분제는 공복일 때 오렌지주스와 함께 먹는 것이 효과적이다.

Q 점점 변비가 심해져서 변기 위에서 울고 있는 날이 늘어갑니다. 좋다는 방법을 다 써도 되지 않는데, 변비약을 먹어도 될까요?

A 일반적으로 변비약에 쓰이는 완하제(laxatives)는 탈수·자궁수축·유산 및 조산을 일으킬 위험이 있다. 그러므로 완하제가 사용되지 않은 변비약, 즉 유산균이나 식이섬유로 구성된 것을 주치의에게 처방받아 복용하는 것이 좋다.

Q 임신 후 방귀 냄새가 너무 지독해요, 괜찮은 걸까요?

A 임신을 하면 장운동이 느려져서 소화가 잘 되지 않는다. 음식물이 장 내에 머무는 시간이 늘어나니 변비가 생기고, 소화가 안 되니 방귀 냄새가 심해지는 것이 당연하다. 방귀 냄새가 부끄럽다고 참기보다는, 자연스럽게 받아들이고 가스를 배출하는 것이 좋다. 냄새를 줄이고 싶다면 수분을 자주 섭취해 장운동을 촉진하도록 하자.

Q 하루 종일 아무것도 먹지 않아도 배가 안 고파요, 이래도 괜찮은 걸까요?

A 임신 중에는 소화 능력이 떨어져서 음식이 먹고 싶지 않을 수도 있다. 억지로 무리해서 먹으면 속만 거북해질 수 있으므로, 자연스럽게 음식이 먹고 싶을 때까지 기다리는 것도 괜찮다. 하지만 계속 음식을 거부한다면 아이는 둘째 치고 엄마 몸이 버티기 힘들어질 것이니, 무리가 되지 않는 선에서 조금씩이라도 음식을 챙겨 먹어야 한다.

Q 임신 후, 체력이 떨어져서 고민입니다. 시부모님이 한약을 지어주신다는데, 임신 중에 한약을 먹어도 괜찮을까요?

A 한의사에게 진단 후 처방받은 한약은 문제될 것이 없다. 흔히 녹용이나 삼 등의 약재가 태아와 산모에게 안 좋은 영향을 끼칠 수 있다며 걱정하는데, 사람마다 한약재와의 궁합이 다르므로 지레 겁을 먹거나 무턱대고 피할 필요는 없다.

Q 치질이 심한데, 자연분만을 할 수 있을까요?

A 임신 전에는 치질이 없던 여성이라도 임신 중에 치질이 생기는 경우가 많고, 만약 치질이 있었다면 더 악화돼 고생을 한다. 흔히 치질이 심하면 자연분만을 하기 어렵지 않을까 걱정을 하는데, 치질이 있어도 자연분만에는 아무런 지장이 없다. 단지, 출산 과정에서 힘을 주기 때문에 치질이 더 심해질 수 있다. 치질이 생겼다면 평소 좌욕·연고 바르기·변비 예방 등 꾸준히 관리가 필요하다.

Q 임신 중 치질 수술 괜찮을까요?

A 섣불리 치질 수술을 하기보다는 치료를 하면서 상태를 살핀다. 위에 질의응답에서도 썼듯이 출산 과정에서 치질이 더 심해질 수도 있기 때문에 출산 후 상태에 따라 수술 여부를 결정한다. 이는 몸에 좋지 않아서라기보다는, 치질 수술이 임산부에게 스트레스를 유발할 수 있기 때문이다. 그러니 치질 수술이 꼭 필요한 응급 상황에서는 판단을 미루지 말고 수술을 받는 것이 좋다.

5개월

열 달의 임신 기간 중, 딱 절반이 되는 시기에 접어들었다.
입덧도 가라앉고, 흔히 말하는 '안정기'에 진입한 것! 산모와 아기, 남편도 가장 편안한 시기다. 더불어 부모에게는 커다란 즐거움이 시작된다. 태아가 급속도로 자라 왕성하게 움직이면서 본격적인 태동을 느낄 수 있기 때문이다.
또한 임신 4개월 무렵부터 태아의 '기억'에 관여하는 신체 기관이 순차적으로 생겨나는데, 5개월차에 접어들면 태아의 청각이 완성되어 엄마 아빠의 목소리를 기억할 수 있게 된다. 아기에게 말을 걸거나, 태교 음악·동화를 들려주는 등 '소리 태교'를 시작해보아야 할 시점이다. 이전의 태교가 엄마의 기분을 아기에게 전하는 데 치중했다면, 이 시기 이후의 태교는 외부 자극을 태아에게 전달하는 것에 집중한다. 배가 눈에 띄게 불러오기 때문에 임부복도 이때부터 준비한다.
이번 장에서는 태아에게 효과적인 소리 태교법으로 '태담기'를 이용하는 방법과 임부복 트렌드, 임부복 잘 고르는 법 등을 상세히 정리했다. 임신 22주차까지 가입하면 좋은 태아보험에 관해서도 중요한 체크포인트를 간추려놓았으니 꼼꼼하게 따져보고 가입하자.

우리 아이가 커졌어요!

> 5개월 접어드니까 갑자기 배가 확 불러와! 우리 신랑 깜놀! ㅋㅋ

> 원래 요맘때 아기가 폭풍성장하는 거야~! 이제 임부복 입어야겠네??

> 이제 슬슬 옷들이 안 맞는다니까 ㅋㅋ 임부복 입으면 진짜 임신한 거 실감날 듯!!

> 요즘은 예쁜 임부복도 많더라~ 언뜻 보면 임부복인 줄 모른다니까? 근데, 옷만큼 신발도 중요한 거 알지?

> 아니 몰랐는데… '-' 신발이 왜?

> 배 점점 불러오면 슬슬 허리도 아프고, 만삭되면 발도 퉁퉁 붓는다고~ 편한 신발로 미리 준비해야지!

> 그렇구나… ㅇㅅㅇ 어쩐지 요새 허리가 좀 뻐근하더라.

> 둔하기는! 너 혹시 태아보험은 가입했니? -_-;

>  아니! 아기도 벌써 보험을 들어야 해?

> 당연하지! 임신 22주 지나면 가입도 어려운 경우가 태반이라고! 당장 태아보험부터 알아봐~

이달의 아기

키 11.6~16.4cm
몸무게 약 300g
자몽만큼 자랐어요!

이 시기 태아의 평균 몸무게는 300g 정도로, 이전보다 성장 속도가 확연히 빨라진다. 신장(머리부터 엉덩이까지의 길이)은 11.6~16.4cm로, 자몽 한 개 정도의 크기이며, 머리가 몸 전체의 1/3을 차지한다.

이 시기에 태아의 눈은 정상적으로 앞을 바라볼 수 있으며, 귀도 제자리를 잡는다. 심장박동이 강해지고 폐를 형성하는 한편, 신경계통이 크게 발달해 본격적으로 오감(五感)을 느낄 수 있다.

소리에도 민감하게 반응하므로 소리 태교(태담, 태교 책 읽어주기, 태교 음악 들려주기 등)를 꾸준히 하면 좋다.

이달의 엄마

  이 시기의 엄마는 갑작스럽게 변화한 배의 크기와 무게 때문에 다시 한 번 자신이 임신했음을 실감하게 된다. 주변 사람들로부터 "배가 제법 나왔네?"라는 이야기도 듣곤 한다. 다만, 태아의 급격한 성장으로 인해 엄마의 체중도 크게 변하므로 요통에 주의해야 한다.

  이 시기부터는 무거워진 배를 지탱할 수 있도록 가벼운 허리 운동 및 골반 강화 운동을 시작하는 것이 좋다. 나중에 순산하는 데도 큰 도움이 되니까!

아빠가 만들어주는 셀프 태담기

<엄마의 탄생> 12회(2014년 7월 20일 방영분)에서는 개그맨 염경환과 아들 은률이가 곧 태어날 '꼬물이'를 위해 셀프 태담기를 만드는 모습이 등장했다. 배에 직접 대고 하는 아빠의 태담을 어색해하던 꼬물이 엄마를 위해 꼬물이 아빠가 내린 특단의 조치였던 것.

꼬물이 엄마처럼 내 배에 무언가 닿는 것이 영 낯간지럽고 오글거리는(?) 여성들이라면, 셀프 태담기 제작법은 귀가 번쩍 뜨이는 정보일 터. 특히 이 시기의 태아는 엄마의 목소리를 기억할 수 있고 감정도 느끼므로, 예비 엄마와 예비 아빠의 '소리 태교'가 중요하다. 태교 동화나 음악 등과 더불어 엄마 아빠의 육성을 많이 들려주는 것이 좋은데, DIY 태담기는 가성비도 최고일 뿐 아니라 만드는 과정 그 자체가 훌륭한 태교이기도 하다.

DIY 태담기

준비물 : 고무호스, 깔대기, 접착제

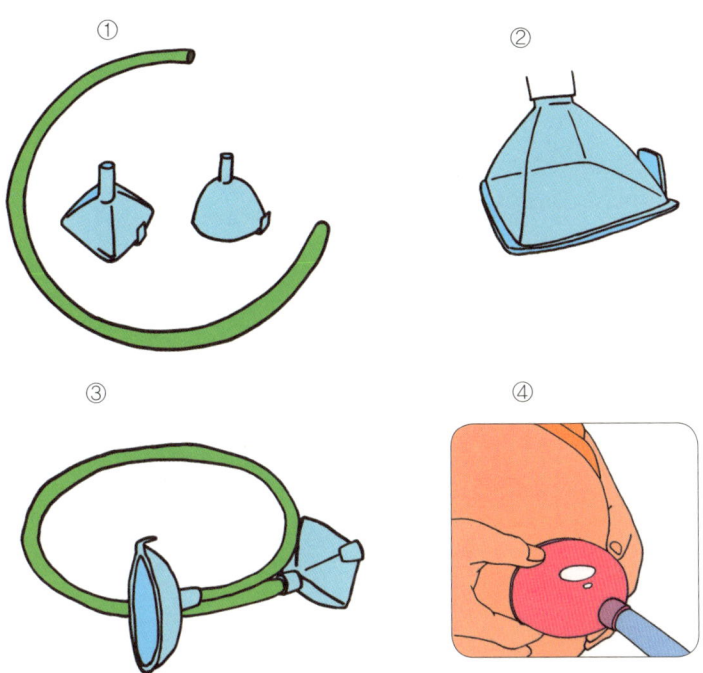

임신부도 패셔니스타!

5개월차에 접어들면 배 모양이 눈에 띄게 달라지므로, 임부복과 임신부 전용 속옷은 이때부터 준비하는 것이 가장 효율적이다. 임신 기간에도 다양하고 스타일리시한 패션을 선보이는 국내외 스타들이 많아지고 있으니, 참고해서 임신 중에도 스타일을 포기하지 말자. 평생 한 번, 혹은 두어 번밖에 자랑할 수 없는 D라인이 아닌가!

스타일별로 알아보는 임부복 트렌드

① 런웨이에서 막 튀어나온 듯! 내가 이 구역의 패션 피플이다!

임부복도 최신 유행을 따르는 요즘, 디자인이 매우 다양해졌을 뿐 아니라 임부복 전문 브랜드도 속속 론칭되고 있으니 센스 있는 임신부들에겐 선택의 폭이 넓을 것이다.

트렌디한 레이어드룩을 시도. 임신부인듯 아닌듯, 시크한 무드를 연출해보자.

최근 인기인 와이드 팬츠도 임신부 스타일링의 효자품목 밴딩 처리로 편안함은 필수!

② Simple is the best! D라인 패션의 정석, 원피스.

뭐니 뭐니해도 편안함이 최고! 유행이 바뀌고 스타일이 변해도 여전히 사랑받는 임부복의 정석, 원피스 스타일의 가장 큰 장점은? 활동이 편하다는 것! 그리고 계절과 임신 개월 수에 상관없이 다양한 활용이 가능하다는 것. 편안하고 신축성 좋은 면 혼방 소재의 롱 티셔츠나 원피스 디자인은 모든 임신부들이 즐겨 입는 기본 아이템이 아닐까?

박시한 핏의 롱티셔츠와 레깅스는 젊은 임신부룩의 정석!

기본 아이템인 원피스를 입되 선글라스, 헤어밴드 등 소품으로 포인트를 준다.

③ 약간의 꼼수로 더 날씬하게, 더 슬림하게!

아무리 D라인이 아름답다지만, 뚱뚱해 보이는 건 죽기보다 싫다면? 아래의 스타일들을 참고해보자. 날씬해 보이는 것에 집중한 스타일은, 임신하지 않은 몸과는 스타일링법이 다를 수 있으니 주의할 것.

블랙 컬러로 날씬하게, 신축성 있는 소재로 편하게!

화려한 패턴의 원피스와 컬러를 통일한 소품들로 아가씨보다 더 늘씬한 룩을 완성할 수 있다.

잠깐! 복대를 해도 괜찮을까?

불러온 아랫배를 잡아주고 매끈한 라인을 만들기 위한 용도로 임신부들이 선호하는 복대. 반드시 '임신부 전용 복대'를 착용하기를 권한다. 몸매 보정에 특화된 복대는 지나친 압박감으로 태아와 엄마를 힘들게 할 뿐이니 너무 과한 욕심은 금물!

D라인 패션의 완성은 신발? 임신 중 신발 고르는 Tip!

- 미끄럽지 않아야 하므로, 밑창과 안창을 잘 살펴보고 고른다.
- 플랫슈즈보다는 약간의 굽(약 2~3cm)이 있는 것이 더 편하다. 쿠션감이

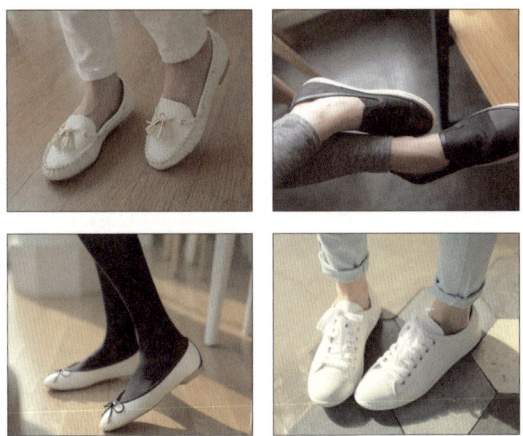

임부복 및 신발 사진제공 : 헤피텐(www.happy10.co.kr)

있으면 더욱 좋다.

- 임신 후기로 갈수록 부종 등의 이유로 발이 커질 수 있으니 신축성이 좋은 소재를 택한다.
- 바닥이나 안창은 부드러운 천이나 고무, 라텍스 등 편안한 소재로 된 것이 좋다.
- 부종이 유독 심해 사이즈 변화가 크다면, 끈으로 조절 가능한 운동화를 고르자.

임신 중 술은 절대 안 되나요?

결론부터 말하면, 임신 중 음주에 대한 가장 안전하고도 확실한 정답은 '완전 금주'다. 임신부가 알코올을 섭취할 경우, 신생아들에게 '태아알코올스펙트럼장애'가 발생해 신체적·인지적·행동적 합병증을 일으킬 수 있다. 심한 경우 얼굴의 기형적 이상(인중 발육 부전, 악골 발육 부전, 소안증 등)과 성장 지연, 중증의 신경 발달 장애를 초래한다. 간혹 임신 5개월 이후 소량의 알코올 섭취(맥주 기준 1주일에 1잔 정도)는 괜찮다고 주장하는 경우도 있으나, 아직까지 임신 중 알코올 섭취에 대한 안전한 한계치는 명확히 파악되지 않았다. 대부분의 의사들이 임신 기간 동안 완전 금주를 권장하는 이유다.

그렇다면, 출산 후 모유수유를 하는 동안에도 마시면 안 되는 걸까?

출산 후, 모유수유 기간 중 알코올 섭취는?

모유수유 중 알코올 섭취가 아이에게 부정적 효과를 가져다준다는 연구는 많지 않다. 하지만 일부 연구에서는 임신 중 혹은 모유수유 중 산모의 알코올 섭취가 아이의 수면패턴 변화, 발달 장애, 저혈당증 등의 부작용을 일으킬 수 있다고 경고한다. 알코올이 함유된 음료를 소량이라도 섭취했다면 일정 시간 모유수유를 미루는 것이 아이의 건강을 위한 가장 확실한 방법이다. 예를 들어 술을 한 잔 마셨다면 최소 2시간이 경과해야 모유에서 알코올이 검출되지 않는다.

> '무알코올 음료'에 대해 조사한 최근의 연구를 통해, 45개 가운데 13개(전체의 29%)의 음료가 표기된 수치보다 알코올 함량이 높다는 사실을 밝혀냈다. 알코올 함량이 0.0%라고 주장한 특정 브랜드에서는 알코올이 최대 1.8%까지 검출되었다.
> 캐나다 토론토 대학, 마더리스크(Motherisk) 프로그램, Canadian Family Physician 2014

캐나다의 마더리스크 프로그램에서는 알코올을 극소량만 포함한 무알코올 맥주(주류성분 표기법상)라 하더라도, 많은 양(최대 1.5L)을 마실 경우에 모유에서 에탄올이 검출될 수 있다는 것을 증명했다. 실험을 위해 15명의 여성들로부터 알코올을 섭취한 즉시 모유 샘플을 채취했는데, 2명의 여성에게서 알코올 농도가 최대 0.0021g/L로 나타났다(검출 제한은 0.0006g/L). 그러나 한 시간 후에는 15명 모두에게서 검출되지 않았다. 이러한 실험 결과에 따라, '마더리스크' 연구자들은 "임산부들이 소량의 알코올을 섭취하더라도, 적어도 모유수유를 통해서는 아이에게 큰 해로움을 끼치지 않는다"라는 결론을 내렸다.

그러니 출산 후에도 모유를 먹이는 내내 금주해야 하는 것 아닌가 걱정했던 애주가 여러분은 고민을 살짝 내려놓으시길. 대신, 그날을 기약하며 아이가 엄마의 뱃속에서 커가는 동안에는 완전 금주에 도전해보자.

복잡한 태아보험, 이것만 알면 성공한다!

태아보험이란?

임신 중의 계약자가 태아 출생을 조건으로 태아를 대상으로 하는 보험계약을 체결하는 것. 따라서 계약자는 아이 출생시 보험사에 증빙서류를 제출해 출생 사실을 알려야 한다. 일반적으로 태아보험은 어린이 보험이 보장해주는 범위에 더해 질병·상해 등 출생 전후의 위험까지도 함께 대비하는 것으로, 그 성격이 성인의 '실비보험'과 비슷하다고 할 수 있다. 여기에 선천적 장애나 신체이상 등 성인은 보험 보장을 받을 수 없는 범위까지 미리 보험에 포함할 수 있기 때문에 가입 전에 유리한 계약 내용을 꼼꼼히 따져보아야 한다. 만기도 20~100세까지 매우 다양하며, 순수보장형이나 환급형뿐 아니라 아이의 교육자금을 위한 저축 형태의 상품도 있으니 참고하도록 하자.

태아보험이 꼭 필요한 이유는 뭐지?

태아보험은 성인의 '실비보험'과 계약 내용이 대부분 동일하다. 그 때문에 굳이 미리 가입할 필요가 있나 생각할 수 있다. 몇 달치 보험료만 낭비하는게 아닐까? 출산 이후에 가입해도 되지 않을까? 결론부터 말하자면 태아보험은 임신 중 미리 들어놓는 것이 현명하다. 태아보험이라 하면 선천적 이상(기형 등)에 대한 수술비나 인큐베이터 비용, 신생아 입원일당 등이 주요 보장 내용이라고 생각하기 쉽지만, 정작 태아보험이 중요한 이유는 '의료실비' 때문이다. 의료실비와 기타 진단금 등으로 아이의 질병 치료에 필요한 병원비 부담을 덜 수 있다. 또한 선천적 이상을 안고 태어난 아이의 경우 보험사에서 가입을 받지 않지만, 출생 전 태아보험에 미리 가입한 경우 평생 보험의 혜택을 받을 수 있으니 알아두자.

혹 보험료가 부담된다면, 출산 이후에 아이가 정상인 것을 확인한 후 해지해도 늦지 않으니 미리 가입하자.

태아보험 고를 때 이것만은 꼭 따져라!

태아보험에 가입할 때 가장 먼저 따져야 할 것은 바로 가입 시기다. 각 보험사마다 약간의 차이는 있지만, 평균적으로 임신 22주차 이전에 가입해야 담보 등 보장 내용 면에서 선택의 폭이 넓다.

선천적 이상을 가진 경우 출생 이후에는 대부분 가입이 불가능하므로 태아보험 가입 시 꼼꼼히 체크하도록 한다.

태아보험의 보장 내용은?

태아보험과 관련한 보장은 크게 세 가지로 분류되는데, ▲ 출생 전 태아를 위한 특약 ▲ 출생 후 아기를 위한 특약 ▲ 산모를 위한 특약 등이다. 대표적인 특약 내용은 다음과 같다.

① 출생 전 자녀 가입 특약

보험 가입시에는 반드시 피보험자의 이름과 주민번호가 명시되어야 하지만, 태아인 경우 이름과 주민번호가 아직 없으므로 '특약'의 형태로 부양자(산모)와 연계하여 가입시킨다. 질병, 상해사망(80% 이상 후유장해 포함) 보장 특약 중 한 가지 이상을 부양자(산모)가 가입한 후, 태아 출생 이후에 신생아의 이름과 주민번호를 보험증권에 등록해야 한다. 부양자와 아이의 정보가 포함된 주민등록 등본이 필요하다. 보장은 태아의 출생 순간부터 유효하다.

② 출생 후 태아 관련 특약
• 신생아 장해 출생 진단보장 특약

임신 22주 이내의 태아에 한하여 가입이 가능하다. 보험 보장 기간은 피보험자가 출생한 날로부터 1년(심각한 장해에서 뇌성마비의 경우에는 2년). 만약 저체중 출생과 (심한) 장해 출생의 경우 두 가지 보험금을 각각 지급하도록 되어 있다.

• 신생아 입원일당 특약

보험 기간 중 태아가 출생 전후의 질병으로 인해 4일 이상 입원하는 경우, 3일을 초과한 시점부터 1회 입원 당 120일 한도로 보험금을 지급한다.

• 저체중아 입원일당 특약

미숙아(출생시 체중 2.5kg 이하)로 출생하여 3일 이상 인큐베이터를 사용하는 경우, 3일째 사용일부터 최고 60일 한도로 보험금을 지급한다.

• 선천이상 입원, 수술 특약

신생아가 선천이상으로 진단 확정되어 그 치료를 목적으로 수술을 받은 경우 수술 1회당 보험금을 지급한다. 입원할 경우 입원 첫날부터 120일 한도로 보험금을 지급한다.

③ 부양자 관련 특약

• 모성 사망 특약

부양자가 보험 기간 중에 출산과 관련한 질병으로 사망한 경우(출산 관련 질병은 아래 표와 같다) 보험금을 지급한다. '출산 후'가 지정하는 기한은 출산 42일 이내이다.

> **출산과 관련된 질병**
> 1. 유산된 임신
> 2. 임신, 출산 및 산후기의 부종, 단백뇨 및 고혈압성 장애
> 3. 임신과 관련된 기타 모성 장애
> 4. 태아와 양막강 및 가능한 분만 문제와 관련된 산모 관리
> 5. 진통 및 분만의 합병증
> 6. 분만
> 7. 주로 산후기에 관련된 합병증

• 임신, 출산 질환 입원 및 수술 특약

부양자가 보험 기간 중 '임신, 출산 관련 질환'으로 진단이 확정되어 분만 후 42일 내에 수술 및 입원할 경우 보장받을 수 있다. 구체적으로 분만 후 42일 내의 수술과, 입원일 3일 초과 시점부터 120일 이내의 입원일당을 보장받는다.

• 유산 진단, 입원, 수술 특약

부양자가 보험 기간 중 '유산'으로 진단이 확정된 경우(유산 분류표의 분류 번호가 기재된 진단서를 제출해야 한다) 진단금을 지급하며 유산 후 치료를 목적으로 수술을 받는 경우 1회당 수술 보험금을, 입원할 경우 3일 초과 시점부터 120일 이내의 입원일당을 지급받는다.

단, 유산 진단금의 경우 인공임신중절 수술에 대해서는 보장하지 않는다.

• 출산 후, 아이에게 질병에 의한 후유장해가 발생한다면?

아이에게 질병에 의한 장해가 발생한 경우에는 다음과 같은 기준에 의

거해 보상받을 수 있다.

> **장해 평가의 기준**
> • 보험약관 별표의 '장해분류표' 상 장해율의 합산이 80% 이상인 경우 = 질병 사망 및 고도 후유장해 보험금
> • 장애인 복지법에 의거한 장애등급 판정 기준 = 질병 고도 장애(1,2급)/ 질병 중등 장애(1,2,3급) 보험금

보다 자세한 보장 내용은 각 보험 계약서별 내용을 참조할 것. 보험약관 별표의 장해분류표 기준과 장애인 복지법의 장애등급 판정 기준이 다르므로 두 가지 담보에 모두 가입되었다고 해서 항상 두 가지 보험금을 모두 받을 수 있는 것은 아니다.

각 보험사별 태아보험 가입 가능 기간 비교표
영아사망의 출생자료 연계분석(2005~2009) 통계청 공시자료

태아보험 가입 가능 기간

보험사	태아보험 가입 가능 시기	태아관련 보장특약 가입 가능 시기
현대해상	임신시~출산 전	임신시~임신 22주
메리츠화재		임신시~임신 22주
신한생명		임신 16주~출산 전
삼성생명		임신 16주~출산 전
동양생명		임신 16주~23주
동부생명		임신 16주~출산 전
미래에셋생명		임신 16주~출산 전

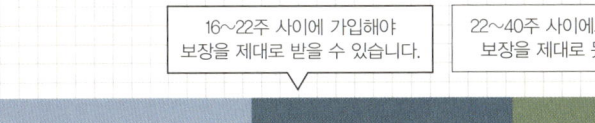

16~22주 사이에 가입해야 보장을 제대로 받을 수 있습니다.

22~40주 사이에도 가입이 가능하지만 보장을 제대로 못 받을 수 있습니다.

▲ 임신　▲ 16주　▲ 22주　▲ 40주

태아의 사망 원인별 통계자료
영아사망의 출생자료 연계분석(2005~2009) 통계청 공시자료

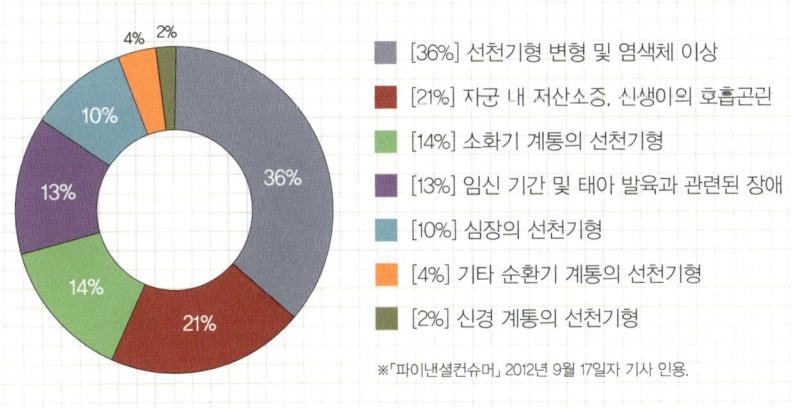

- [36%] 선천기형 변형 및 염색체 이상
- [21%] 자궁 내 저산소증, 신생아의 호흡곤란
- [14%] 소화기 계통의 선천기형
- [13%] 임신 기간 및 태아 발육과 관련된 장애
- [10%] 심장의 선천기형
- [4%] 기타 순환기 계통의 선천기형
- [2%] 신경 계통의 선천기형

※「파이낸셜컨슈머」, 2012년 9월 17일자 기사 인용.

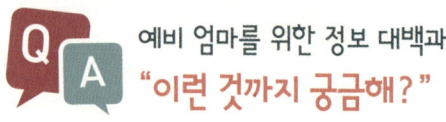

예비 엄마를 위한 정보 대백과
"이런 것까지 궁금해?"

Q 임신 초기에 임신 사실을 모르고 염색/파마를 했습니다. 괜찮을까요?

A 임신 중 염색 혹은 파마가 태아에게 끼치는 유해성에 대한 연구는 이미 여러 차례 진행된 바 있다. 다행히 염색 및 파마 약에 포함된 성분은 인체에 흡수되는 양이 아주 적어 태아 기형에는 큰 영향을 미치지 않는 것으로 알려져 있다. 하지만 아직까지 명확한 해답을 찾지 못한 상황이므로, 임신 기간 중 염색이나 파마는 되도록 피하는 것이 좋겠다. 혹시 불가피한 상황이라면, 되도록 임신 12주 이후에 하는 것이 낫다.

※보건복지부 '안전한 임신 필수지식 10가지'(2014년 10월), 제일병원 한국마더세이프전문 상담센터.

Q 갑자기 살이 너무 많이 쪘어요. 지방층 때문에 태동을 못 느낄 수도 있나요?

A 임신 후기까지 태동을 거의 느끼지 못하는 여성들이 의외로 많다. 태

동을 느끼지 못하거나 약하게 느낀다고 해서 꼭 엄마의 살과 직접적인 연관이 있다고 볼 수도 없다. 아기가 얌전하거나 엄마가 둔감한 것일 수도 있기 때문. 태동이 약한 아기는 건강하지 않다는 섣부른 걱정도 금물! 다만 실제로 지방층이 두터우면 태동을 조금 약하게 느낄 가능성이 있으니, 아기의 폭풍 성장과 더불어 엄마의 지방도 늘어날 때 체중관리에 힘쓰는 것이 좋다. 태아와 엄마를 위해 적절한 영양 보충은 필요하지만, 대부분의 전문의들이 임신 기간 중 한 달에 2kg 이상 체중이 증가하는 것은 위험하다고 말한다.

Q 임신을 하니 오히려 살이 빠져요. 우리 아기 괜찮은 걸까요?

A 타고난 마른 체질이어서, 혹은 심한 입덧으로 인해 임신 기간 중 오히려 살이 빠져 고민이라는 여성들도 분명 있다. 하지만 너무 큰 걱정은 안 해도 될 듯. 입덧이 심한 임신 초기에도, 엄마가 섭취하는 영양분을 아기는 잘 흡수하고 있다. 다만 엄마의 건강에 더 각별히 유의해야 할 것이다. 임신 중 입맛이 떨어지거나 영양 보충이 힘들 경우 비타민과 엽산, 철분제를 챙겨 먹고 소화가 잘 되는 흰죽이나 영양소가 풍부한 제철 채소와 과일, 단백질 등을 소량이라도 꼭 섭취하자. 특히 입덧으로 인한 체중 감소의 경우 설사나 토덧이 주원인일 수 있는데, 이 경우 탈수를 주의해야 한다. 약국이나 병원에서 임산부용 종합비타민제·칼슘제를 처방받고 증상이 심할 경우 전문의와 상의 후 수액을 맞는 것이 좋다.

Q 분비물이 많아지고 항문 주변이 간지러운데 왜죠?

A 임신 5개월차에 접어들면 자궁이 커지며 각종 부작용이 발생하기도 하는데, 가장 흔한 증상이 질 분비물 그리고 항문 주변의 가려움이나 따가움이다. 질 분비물은 보통 희거나 노르스름한 색을 띤다. 색이 진해질 경우 질염의 위험이 있으므로 전문의와 상담한다. 질 분비물을 줄이거나 예방하려면 되도록 면 소재의 속옷을 착용해 자극을 줄이고, 샤워를 자주 해서 청결한 상태를 유지해야 한다. 임신 중 치질은 커진 자궁이 직장을 압박해 정맥이 부풀어 오르는 것으로, 일반 치질과 동일하게 착석이나 배변 시 출혈을 동반할 수도 있다. 전문의와 상의해 안전한 성분의 약을 처방받거나 적합한 치료를 받도록 하자.

Q 배 뭉침이 너무 심해요. 어떡하죠?

A 배 뭉침, 다른 말로 자궁 수축이다. 생리통과 비슷한 느낌으로 아랫배가 뻐근하게 아파오고, 딱딱해지는 느낌을 받게 된다. 자궁 문이 좁아지니 당연히 태아도 불편함을 느낀다. 배 뭉침을 예방하는 가장 좋은 방법은 엄마가 스트레스를 받지 않는 것이다. 임신 기간 중 엄마가 편안한 상태를 유지해야 하는 이유 가운데 하나다. 배 뭉침 증상이 의심된다면, 즉시 내원해 입원 및 치료 여부를 상의하도록 한다. 임신 후기까지 호전되지 않을 시 조산의 우려가 있으므로 입원을 권유받기도 한다.

Q 임신 중에도 운동을 해야 한다던데, 사실인가요?

A 임신부라고 해서 하루 종일 조심조심 지내야 된다는 것은 옛말이다. 적절한 운동은 엄마와 태아에게 좋은 영향을 준다. 최근에는 문화센터나 산부인과 등에서 합리적인 가격의 운동 수업을 진행하기도 하는데, 싸다고 덥석 등록부터 하지 말고 어떤 운동이 적합한지 사전에 꼭 따져보자.

• 좋은 운동

걷기 임신부에게는 산책이 특히 좋다. 다른 운동에 비해 허리나 다리에 무리를 주지 않고도 산소를 폐에 공급해 태아의 두뇌 발달에 도움을 주기 때문이다. 되도록이면 나무가 많고 공기가 맑은 산책로를 찾도록 하자.

수영 전신 운동이자 유산소 운동이기 때문에 임신 중 신진대사에 도움을 준다. 특히 물에서는 중력의 영향을 덜 받으므로 몸이 무거운 임신 중기 이후의 여성들도 자유롭게 움직일 수 있는 것이 장점.

요가 젊은 임신부들에게 특히 인기가 많은 운동이다. 임신부 요가는 일반 요가와 달리 누워서도 쉽게 따라할 수 있는 동작으로 구성되며, 몸에 무리가 되지 않는다. 올바른 호흡법으로 심신을 안정시켜 순산에도 도움이 된다.

• 나쁜 운동

뛰기 임신 기간이 아니라면 조깅은 건강 유지와 다이어트에 탁월한 운동이지만, 임신 중에는 되도록 뛰지 않도록 한다. 특히, 임신 중기 이후에는 아랫배뿐 아니라 유선 발달로 인해 커진 가슴에도 무리를 줄 수 있다.

등산 임신 중에는 호르몬의 영향으로 인대가 부드럽게 이완된 상태이기 때문에, 오르내리며 관절에 힘을 주어야 하는데다 낙상의 위험이 있는 등산은 피해야 한다.

Q 아침에 뱃속 아이와 함께 일어나는 방법이 있다던데요?

A 임신 중기가 지나면 태아도 엄마의 감정을 공유할 수 있으므로, 아이와 적극적인 교감을 나누는 것이 중요하다. 뱃속의 아이와 함께 일어나고 잠들며 생활 리듬을 맞추는 것도 좋다. 우선 아침에 잠에서 깨면 곧바로 일어서지 말고 가볍게 몸을 이완시킨다는 느낌으로 기지개를 켜고 가만히 누워 있는다. 누운 상태에서 숨을 길게 내뱉으며 몸을 당기듯이 뻗는 과정을 반복하면, 태동을 통해 아이도 깼는지 확인할 수 있다. 아이가 태동으로 신호를 보냈다면, 배를 만지며 아침 인사를 건네는 것으로 하루를 시작해보는 건 어떨까.

Q 우리 아이는 쌍둥이인데, 태아보험 가입/보장에 제한은 없을까요?

A 예전에는 쌍둥이인 경우 태아보험의 가입 조건 및 보장 내용에 제한이나 차이가 많은 편이었으나, 최근에는 단태아와 별다른 차이가 없다. 단, 쌍둥이의 경우에도 단태아와 똑같이 한 명씩 따로 가입을 해두어야 두 자녀 모두 보장을 받을 수 있다는 사실을 반드시 기억할 것. 보험료도 단태아와 큰 차이는 없으며, 각각 가입시 보험료는

30세형 평균 4~5만원(1개월당), 100세형 평균 6~7만원(1개월당)이다. 특히 손해보험사들의 쌍둥이 자녀에 대한 가입 규정이 완화되어, 자연 임신 단태아와 동일한 보장으로 실손 의료비, 태아 특약, 질병 입원일당의 가입이 가능한 상품이 있으니 충분히 알아보고 결정하는 것이 좋다.

Q 태아보험 가입 후 유산하게 되면 어떡하죠?

A 유산 또는 사산으로 출산하지 못한 경우, 관련 특약이 무효처리되어 보험료 환급이 가능하다. 단, 피보험자를 태아의 부양자로 하여 가입한 '부양자 관련 특약'인 임신 및 출산 질환 수술/입원, 모성 사망, 유산 수술/입원, 부양자 질병 사망/상해 사망 연금 등은 유효한 계약으로 인정된다.

6개월

임신 6개월. 어느덧 임신 기간의 절반이 지났다. 뱃속에 있는 아기는 얼마나 크게 자라려고 하는 건지, 먹고 나서 뒤돌아서면 배가 고프다. 지난달과 확연히 차이 나게 배가 불러오기 때문에, 똥배(?)인지 임신해서 나온 배인지 구분 안 간다고 놀리던 남편도 '아기가 크고 있는 게 맞구나'라며 인정한다고.

임신 6개월에서 가장 중요한 키워드는 '임신당뇨'와 '태동'이다. 지금까지 태동을 느끼지 못했다고 우울해하지 마시길. 21주가 넘어가면서부터는 양수의 양이 많아져 태아의 움직임이 급격히 증가하는데 '우리 아가는 왜 안 움직이지?' 하고 걱정했던 엄마들도 이제부터는 잠을 자다가 깰 정도로 격한 아기의 움직임을 느낄 수 있게 될 것이다. 뱃속의 아기가 "엄마~"라고 불러주는 듯한 신호, 태동! 아무리 여러 번 반복되어도 부모에게는 신기하고 값진 경험일 태동에 대해 이번 장에서 자세히 알아볼 것이다. 또한 〈엄마의 탄생〉에 출연한 김송이 임신성 당뇨 판정을 받으면서 담당 작가로서 공부했던 모든 내용을 집대성(?)해보았다. 많은 예비 부모에게 도움이 되기를 바란다.

왔다 태동!

> 너 들어는 봤니? 임신성 당뇨!
> 느껴는 봤니? 그 이름, 태동~~

> 하나도 모르겠어~
> 임신과 동시에 공부해야 할 게 정말 많다~
> 임신성 당뇨가 뭐야? 그냥 당뇨랑은 달라?
> 쉬운 듯, 어려운 듯~ 알 듯, 말 듯~ 멘붕ㅜㅜ

> 임신당뇨 나오면, 먹고 싶은 거 못 먹고 피곤한가봐
> 그래서 엄마들이 검사 앞두고 벼락치기 한다잖아.

> 검사받는 것도 여간 쉬운 일이
> 아니라고 하던데…ㅠㅠ

> 오 마이 갓.
> 나 식이조절 안하고 2인분씩 먹는데 어쩐대…

> 그런데 6개월쯤 되면 태동이 느껴진다던데…
> 태동 느껴봤어? 느낌이 어때??

> 나는 약간… 보글보글 거품같은 느낌?
> 근데 무서운(?) 이야기 하나 해줄까?
> 뱃살이 많으면 태동이 늦게 느껴지기도 한대. 하하!

> 내 뱃살 어떡하지!!!!!!!!!!!!!

> 운동해. 아기와 엄마를 위해서도
> 적당한 운동을 해야지.
> 그래야 순풍순풍 순산한다고!

이달의 아기는?

키 약 16.4~30cm
몸무게 약 600g

호박만큼 자랐어요!

이 시기 태아는 태지를 분비한다. 태지란 태아의 몸 표면을 싸고 있는 지방과 같은 물질로, 양수가 침범하지 못하도록 하고, 쉽게 분만할 수 있도록 도와주는 윤활유 같은 역할을 한다. 또한 신체기관 형성이 마무리되면서 완전한 4등신이 된다. 골격과 관절이 완성돼 엑스레이를 찍어보면 갈비뼈, 척추, 팔·다리 뼈 등을 구분할 수 있다. 손목과 발목도 자연스럽게 움직일 수 있다. 양수 속에서 눈을 떴다 감거나 눈동자를 움직일 수 있으며 이마를 찡그릴 수도 있다. 눈썹, 속눈썹, 머리카락, 손톱 등이 자라고 피부에 지방이 붙으면서 몸통이 점점 포동포동해진다.

태아는 엄마 뱃속에서 손발을 쭉쭉 뻗거나 발버둥을 치기도 하고, 몸의 방향을 이리저리 바꾸며 활발하게 움직인다. 이런 활동을 통해 근육을 발달시키고, 뼈를 강하게 만든다. 6개월이 되면서 엄마가 태동을 강하게 느끼는 이유는 이 때문이다.

이달의 엄마는?

　임신 6개월차가 되면 눈에 띄게 배가 부르고 유방도 발달하면서, 엄마는 완벽한 D라인을 갖추게 된다. 태아가 전달보다 2배나 커지고, 그에 따라 자궁도 약 20~24cm로 확장된다. 자궁이 커지면서 혈액순환이 부진해져 손발이 자주 붓거나 저리는 증상이 나타난다. 태아가 폭풍성장을 하면서 엄마의 몸무게도 급격히 증가하는데 무거워진 체중이 발목이나 다리에 부담을 주기 때문에 자주 쥐가 난다. 평소 다리로 몰려 있는 혈액이 원활하게 순환되도록 마사지를 해주거나 가벼운 스트레칭을 하면 도움이 된다.

잠깐!! 이 시기에 엄마가 받아야 할 검사

중기 정밀 초음파 검사
그동안 초음파 검사를 꾸준히 해오기는 했지만, 이 시기의 검사는 그것과는 조금 다르다. 태아의 신체 기관이 다 형성되었기 때문에 정밀 초음파 검사를 통해 태아의 뇌·심장·팔·다리·비뇨기 계통의 기형 여부를 확인하는 것이다. 한 마디로 머리부터 발끝까지 검사하는 것!

임신성 당뇨 검사
혈액을 통해 당뇨가 있는지 확인하는데, 임신성 당뇨는 산모와 아이에게 합병증을 유발할 수 있으므로 조기 발견이 중요하다. 30세 이상은 보험이 적용된다.

빈혈 검사
임신 중기에 가장 조심해야 할 것이 바로 빈혈이다. 임신 중 빈혈은 철분 부족이 아니라 태아로 인해 모체의 혈액이 묽어지는 것이 주원인이다. 임신 중은 물론 분만시에 생길 위험을 최소화하기 위해 헤모글로빈 검사를 한다. 또한 없던 빈혈이 생겼거나 심해진 경우 철분제 용량을 바꾸도록 한다.

임신성 당뇨 탐구생활

이즈음 필수적으로 받게 되는 임신성 당뇨 검사는 '임신부가 넘어야 할 고개'라고들 부른다. 당뇨 검사를 받기 전에는 꼭 시험을 보는 것처럼 긴장이 된다고. 임신성 당뇨 확진을 받게 되면 임신했기 때문에 누릴 수 있었던 무한 식욕을 억제하며 운동과 까다로운 식단으로 몸 관리, 혈당 관리에 들어가야 한다. 뱃속의 아기에게까지 영향을 끼친다고 하니, 엄청 피곤한 놈(?)인 것은 확실하다. 〈엄마의 탄생〉에서도 김송이 임신성 당뇨 진단을 받은 뒤 집에서도 일일이 저울로 음식의 무게를 달아 확인한 뒤 조리해 먹고, 임산부 전용 운동센터를 다니며 운동하는 등의 노력으로 극복하는 과정을 보여준 바 있다.

지금부터 임신성 당뇨에 대한 모든 것을 파헤쳐보자! 많은 엄마들이 임신성 당뇨를 '임당'이라고 줄여 부른다. 우리도 앞으로 그렇게 부를 것이다. 임당… 도대체 넌 누구냐?

Part 1. 아는 것이 힘이다

누가, 언제, 어디서, 어떻게 받아요?

임당 검사는 임신 24주에서 28주 사이에 진행된다. 검사 시기가 늦어질수록 수치가 비정상적으로 나올 확률이 높아지기 때문에 검사 시기가 매우 중요하다. 그렇다면 검사는 어떻게 이루어질까?

당 시약을 먹고, 채혈한 다음 혈당을 확인하면 끝. 검사 자체는 간단하지만 재검을 받을 때는 물 한 모금도 먹지 못하고, 오랜 시간 공복을 유지해야 하기 때문에 임신부들에겐 괴롭고 힘들 수밖에 없다.

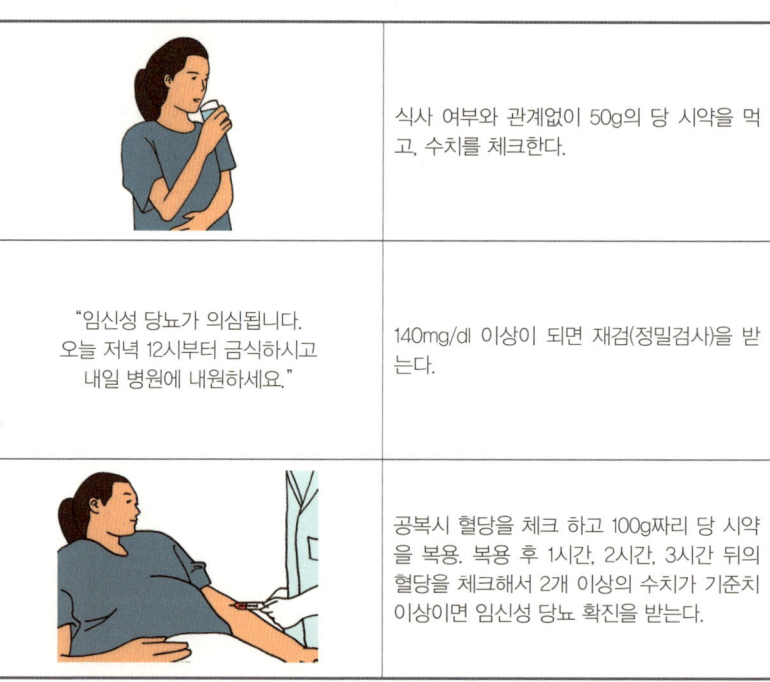

	식사 여부와 관계없이 50g의 당 시약을 먹고, 수치를 체크한다.
"임신성 당뇨가 의심됩니다. 오늘 저녁 12시부터 금식하시고 내일 병원에 내원하세요."	140mg/dl 이상이 되면 재검(정밀검사)을 받는다.
	공복시 혈당을 체크 하고 100g짜리 당 시약을 복용. 복용 후 1시간, 2시간, 3시간 뒤의 혈당을 체크해서 2개 이상의 수치가 기준치 이상이면 임신성 당뇨 확진을 받는다.

검사방법	100g 경구 당부하 검사
공복시 혈당	95mg/dl
1시간 혈당	180mg/dl
2시간 혈당	155mg/dl
3시간 혈당	140mg/dl

자료 출처 / 대한당뇨병학회

임당? 당뇨? 달라도 너~무 달라

국민건강보험공단이 최근 발표한 자료(2014.10)에 따르면 임신성 당뇨 환자가 최근 9년 사이에 크게 늘었다고 한다. 2003년에는 1만 9,000여 명이었지만 2012년에는 11만 5,000여 명으로 5.8배나 늘었으며, 전체 출산 여성 가운데 임신성 당뇨 진단을 받은 여성의 비율도 2003년 4.8% 였던 것이 2009년에는 13.1%, 2012년에는 25.4%로 크게 높아진 것으로 조사됐다. 말하자면 최근 국내의 출산 여성 네 명 중 한 명꼴로 임신성 당뇨 진단을 받았다는 것. 이 정도면 엄청난 수치 아닌가!

임당은 특별한 증상 없이 조용히 찾아와 아기의 발달에 큰 영향을 미치고 행복했던 임신 기간을 흔들어놓으니 반드시 잡아야 한다. 그런데 당뇨면 당뇨지 왜 임신성 당뇨인 걸까? 대한당뇨병 학회에서는 이를 다음과 같이 정의한다.

> "임신성 당뇨병은 원래 당뇨병이 없던 사람에게 임신 20주 이후 당뇨병이 처음 발생되는 경우를 말한다. 이는 임신 중 발생하는 호르몬 변화 등 생리학적 변화와 연관이 있으며, 출산 후에는 대부분 정상 혈당으로 돌아오나 출산 후에 당뇨병으로 이어질 수 있으니 주의를 요한다."

즉, 인슐린 분비는 정상적으로 이루어지나 임신 중 호르몬 변화로 인해 인슐린 작용을 억제하거나 효율적으로 이용하지 못하여 고혈당이 유지되어 일어나는 질환이다. 당뇨 증상이 없던 건강한 여성도 임신을 하면 당뇨 증세가 나타날 수 있다.

임신성 당뇨 주의보! '우리 아기는 안전할까?'

거대아
(체중 4.5kg 이상)

신생아 황달

임신성 당뇨병
창백, 무호흡, 떨림 또는 청색증

신생아 저혈당

호흡 곤란증

거대아 태아는 모든 영양소를 엄마의 혈액으로부터 공급받는다. 그런데 엄마가 고혈당이 되면 태반을 통해 포도당과 영양소가 아기에게 과다

하게 전달되고 이는 성장을 촉진시켜 거대아의 원인이 된다.

제왕절개 거대아는 출산시 산도를 빠져나오기가 어렵기 때문에 출산하는 데 많은 시간이 걸릴 수 있다. 그리하여 난산으로 인한 제왕절개의 가능성이 높다.

신생아 황달 황달은 신생아에게 나타나는 자연스러운 현상이지만, 엄마의 혈당이 높으면 발생 가능성이 높아진다.

신생아 호흡 곤란증 당뇨병이 있는 여성이 출산한 아기에게는 호흡곤란증후군이 흔하게 발생하는데, 태아 시절 고혈당이 폐가 성숙하는 걸 방해하기 때문이다.

신생아 저혈당 출산 전 계속 고혈당에 노출되어 있던 태아는 인슐린 분비량이 증가된 상태다. 분만 후 포도당 공급이 줄어들어도 인슐린 분비량은 그대로 유지되기 때문에 저혈당에 빠질 수 있다.

Part 2. 임신성 당뇨 완전정복

임신성 당뇨를 진단받은 엄마들은 무엇을 어떻게 어디서부터 시작해야 할지, 그야말로 '멘붕'에 빠진다. 하지만 마음을 가라앉히고 차근차근 살펴보면 어려울 것 없다. 평소 생활 패턴에서 약간의 변화를 주어 운동을 하고, 식이조절을 하다보면 어느 사이 혈당 안정권(?)에 들어갈 수 있다. 그럼 지금부터 임당을 정복하러 가볼까?

운동편

대부분의 예비 엄마들은 혹시 태아에게 무슨 일이 생기지는 않을까 싶은 마음에 운동을 자제한다. 과격하거나 무리한 운동은 아기에게 전해지는 혈액의 양, 특히 뇌로 가는 혈액량에 큰 영향을 주기 때문에 좋지 않지만, 엄마가 피로감을 느끼지 않을 정도의 적당한 운동은 엄마와 태아 모두의 신진대사를 활발하게 하며 운동을 통한 좋은 자극이 태아의 뇌 발육을 도와주므로 권장된다. 임당 관리에 있어서도 운동은 매우 중요하다. 혈당을 내리려는 욕심으로 과하게 운동하면 그 자체가 몸에 무리를 주어 혈당을 상승시키는 역효과를 가져올 수도 있기 때문에, 적당히 운동하는 것이 포인트!

이것만은 꼭 지켜주세요

- 임신 중에는 탈수의 위험도가 높기 때문에, 운동 중 수시로 물을 조금씩 마셔서 탈수를 예방하는 것이 중요해요.
- 아기는 아직 연약한 존재예요. 습하거나 더운 날은 운동을 피하는 게 좋고요, 체온을 많이 올리는 운동은 가급적 하지 않도록 해요!
- 적당한 운동을 하라고 하는데, 어느 정도의 강도인지 애~매하죠? 운동 강도는 복부를 통해 알 수 있는데요, 만약 아랫배에서 경련이 느껴지거나(배 뭉침) 아랫배가 단단해진다면 즉시 운동을 멈춥니다! 어지러움이나 호흡 곤란이 나타날 때도 마찬가지.
- 유산소운동이 좋아요. 주 5회, 식후에 20~30분 정도. 이것이 힘들다면 10분 간격으로 2회에 나누어 하면 좋아요.
- 임신 후반기로 가면 엄마의 몸은 출산 준비를 시작해요. 관절이나 인대가 느슨해지기 때문에 무리한 스트레칭이나 반동이 심한 운동은 조심해주세요.

식이요법편

임신 중에는 균형 잡힌 영양분을 공급하기 위해서, 그리고 정상 혈당 유지와 적절한 체중 증가를 위해서 식이요법을 실천해야 한다. 특히 임당은 태아에게도 영향을 미치기 때문에 임신성 당뇨 진단을 받았다면 식단에 각별히 주의하자. 식사의 핵심은 하루에 세 번 규칙적으로 식사하고 1~2회 간식을 먹는 것!

이것만은 꼭 지켜주세요

- 임신을 하면 아기 몫까지 2인분을 먹어야 한다고 생각하지만, 틀렸어요! 평소 먹는 양 만큼만 먹되, 단백질과 비타민 섭취에 신경을 쓰는 게 좋아요. 양질의 단백질은 아기의 발육 및 성장에 좋은 거 아시죠? 콩, 두부 같은 식물성 단백질과 닭가슴살과 소고기(지방이 없는 살코기로) 등을 충분히 섭취합니다. 다만, 과도하지 않게 권장량을 지켜주세요.

- 쌀밥보다는 잡곡밥을, 주스보다는 생채소나 생과일을 먹는 게 좋습니다. 이 때도 당도 높은 과일 섭취는 조심해야 해요. 과일에는 수분과 비타민이 충분하지만 당도 역시 꽤 높기 때문에 과하게 섭취하면 혈당 조절이 어려워집니다.

- 자는 시간 동안 혈당이 낮아질 수 있어요. 지방이 에너지원으로 사용되면 케톤이라는 안 좋은 물질이 생겨 아기에게 나쁜 영향을 줄 수 있으므로 잠자기 전 간식이 필요합니다. 간식은 우유 한 잔, 고구마 한 개 정도면 충분하니까 과하지 않게! 오케이?

이렇게 열심히 운동과 식이요법을 했음에도 불구하고 혈당이 조절되지 않으면 인슐린을 투여해야 한다. 임당 확진을 받은 후 철저한 식단 관리와 운동으로 극복한 김송의 비법을 소개한다.

강원래 김송 부부의 임당 극복기
임당 관리를 위한 김송의 식단표 대 공개!

식품교환표에 따른 김송의 실제 식단

김송에게는 하루 2100kcal만 허락되었다. 표의 오른쪽은 1단위에 해당하는 양이고 왼쪽 표에 적힌 숫자만큼 아침 점심 저녁 하루 세끼를 곡류, 어육류, 채소, 과일 등으로 골고루 챙겨먹는 것이 임당 식단 실천의 첫걸음이다. 사람마다 섭취해야 하는 칼로리가 다르니 담당의와 상담 후 식단 조절에 들어가도록 한다.

식품교환표				
	아침	점심	저녁	간식	1 교환단위 함량: 당질 23g, 단백질 2g - 열량 100kcal

	아침	점심	저녁	간식	내용
곡류군	2.5	3	3		쌀밥, 현미밥(70g, 1/3공기), 보리밥(30% 70g, 1/3공기) 쌀(140g, 2/3공기), 백미·찹쌀·팥·현미(30g, 3큰술) 콘플레이크·오트밀·미숫가루(30g), 국수(마른것, 30g), 국수(삶은것 90g, 1/2공기), 당면(생것 30g), 밀가루(30g,5큰술), 감자(140g, 중1개), 고구마(70g, 중1/2개), 옥수수(70g, 중1/2개), 가래떡(50g, 썬것 11~12개), 인절미(50g, 3개), 송편·시루떡·백설기(50g), 식빵(35g, 1쪽:11×10×1.5cm), 모닝빵(35g, 중1개), 바게트빵(35g, 중2쪽), 도토리묵·메밀묵(200g), 크래커(20g 5개), 강냉이(옥수수, 30g), 마(30g), 밤(60g, 대2개), 은행(60g)
어육류군	2	3	3		**저지방 1 교환단위 함량: 단백질 8g, 지방 2g - 열량 50kcal** 닭고기(껍질, 기름 제거한 살코기 40g), 돼지고기(기름기 전혀 없는 살코기 40g), 소고기(40g, 탁구공 크기), 소간★(40g) 오리고기, 칠면조(40g), 육포(15g), 가자미·광어·대구·동태·미꾸라지(생것)·병어·연어·조기·굴비·코다리(소 1토막, 50g), 멸치·북어·건오징어채★(15g), 뱅어포(15g, 1장), 어묵(찐것, 50g), 어리굴젓·명란젓★·창란젓★(40g), 굴·꼬막·조개·꽃게·조갯살·홍합(70g), 멍게·문어★(1/3컵, 70g), 물오징어(몸통 1/3등분, 50g), 미더덕(100g), 새우★(50g), 전복(소2개, 70g), 해삼(200g) **중지방 1교환단위 함량: 단백질 8g, 지방 5g - 열량 75kcal** 돼지고기(안심 40g), 소고기(등심·안심, 40g), 소곱창★(40g, 햄·로스 40g), 갈치·고등어·꽁치·메로·민어·삼치·임연수어·장어★·전갱이·준치·청어·훈제연어(50g, 소 1토막), 어묵(튀긴 것, 50g), 계란★(중1개, 55g), 메추리알★(5개, 40g), 검정콩·대두(2큰술,20g), 두부(80g), 순두부(200g), 연두부·콩비지(150g) **고지방 1교환단위 함량: 단백질 8g, 지방 8g - 열량 100kcal** 닭고기(껍질 포함)▲·돼지족·돼지머리▲·삼겹살▲·소갈비▲·소꼬리·우설▲(40g), 런천미트▲·프랑크소시지▲(40g), 참치통조림·고등어통조림·꽁치통조림·뱀장어★(50g), 치즈·유부(30g)
채소군					**1교환단위 함량: 당질 3g, 단백질 2g - 열량 20kcal** 가지·고구마줄기·고비·고사리(삶은 것)·근대·냉이·단무지·달래·두릅·무·미나리·부추·브로콜리·상추·시금치·쑥갓·아욱·애호박·양배추·양상추·양파·열무·오이·참나물·콩나물·풋고추·피망·고춧잎♠·당근♠(70g)·매생이(20g)·깻잎·더덕·마늘쫑·단호박♠·도라지♠·쑥♠·연근♠·우엉(40g)·마늘·호박고지·무말랭이·취나물(건조, 7g)·김(2g)·느타리버섯(생것)·송이버섯(생것)·양송이버섯(생것)·팽이버섯(생것)·표고버섯(생것, 50g)·갓김치·깍두기·배추김치·총각김치(50g)·당근주스(1/4컵, 50g)

★콜레스테롤이 많은 식품 / ▲포화지방산이 많은 식품 / ♠당질을 6g 이상 함유하고 있으므로 섭취 시 주의 할 채소

식품교환표

	아침	간식	점심	간식	저녁	간식	
지방군							**1교환단위 함량: 지방5g - 열량45칼kcal**
							참깨 · 땅콩 · 아몬드 · 잣 · 호두 · 흰깨 · 땅콩버터(8g), 마가린 · 버터(5g), 마요네즈 · 아탈리안 드레싱 · 프렌치 드레싱(10g), 들기름 · 옥수수유 · 올리브유 · 참기름 · 콩기름 · 포도씨유 · 해바라기유(5g)
어육류군	1				1		**1교환단위 함량: 당질10g, 단백질6g, 지방7g - 열량125kcal**
							두유(200g, 무가당), 일반우유(200g), 전지분유(25g), 조제분유(25g)
							1교환단위 함량: 당질10g, 단백질6g, 지방2g - 열량80kcal
							저지방우유(200g 2%)
과일군				1		1	**1교환단위 함량: 당질12g - 열량50kcal**
							사과(80g, 중1/3개), 바나나(생것 50g, 중1/2개), 배(110g, 대1/4개), 단감(50g, 중1/3개), 연시 · 홍시(80g, 소1개, 대1/2개), 곶감(15g, 소1/2개), 귤(120g), 오렌지(100g, 대1/2개), 자몽(150g), 한라봉(100g), 딸기(150g, 중7개), 멜론(120g), 파인애플(200g), 백도(150g, 소1개), 천도(150g, 소2개), 황도(150g, 중1/2개), 블루베리 · 석류 · 체리 · 키위(80g), 수박(150g, 중1쪽), 자두(150g), 참외(150g), 토마토 · 방울토마토(300g), 토마토(350g), 포도 · 청포도(80g), 포도(80g, 소19알), 거봉(80g, 11개), 사과주스 · 오렌지주스(100g, 무가당), 토마토주스 · 배주스 (80g, 1/2컵), 대추(생것 50g/말린 것 15g, 5개)

6개월

즐거운 태동 놀이

임신 사실을 알게 됨과 동시에 엄마는 아기의 건강을 위해 식단 관리, 순산 운동, 태교 등 많은 부분에 신경을 쓴다. 엄마는 이렇게 열심히 아가를 만날 준비를 하고 있는데, 우리 아가는 잘 지내고 있는 걸까?

뱃속에 있어 가깝지만, 아직은 볼 수 없어 멀리 있는 우리 아기, 그런 아기가 건네주는 인사가 바로 태동이다. 입덧이 너무 힘들어서 혹은 임신 초기에 너무 고생을 해서, '다신 아기 안 가질래, 둘째는 못 낳겠다'라고 말하던 엄마들도 첫 태동을 느끼는 순간 감격으로 벅차오른다고 한다. 어찌 그렇지 않을 수 있을까? 아기가 '엄마 저 여기 있어요~'하고 말해주는 순간인데!

태동은 무엇인지, 태동의 느낌은 어떤지, 태동을 느끼는 시기는 언제인지, 이번 장에서는 태동에 관한 모든 것을 알아보자.

뱃속 아기의 태동은 건강하다는 아기의 인사

태동. 胎(아이 밸 태), 動(움직일 동). 엄마의 뱃속에 있는 아기의 움직임, 즉 임신 중인 엄마가 느끼는 아기의 활동을 의미한다. 아기의 움직임은 보통 임신 7주가 되면 나타난다. 다만 임신 초기에는 태동의 강도가 약해서 느끼지 못하고 넘어가는 경우가 많다. 일반적으로 태동은 첫 임신일 경우에는 18~20주 정도에 느낄 수 있으며, 신경이 예민하고 활동량이 적은 엄마는 더욱 빨리 느낀다고 한다. 출산 경험이 있으면 15~17주 정도에 느끼는데, 초산보다 경산이 태동을 더 잘 느끼는 이유는 출산 경험으로 복벽이 늘어나 뱃속 움직임이 쉽게 전달되기 때문이다. 하지만 경산이라 하더라도 살이 쪄서 복부 피하지방층, 즉 뱃살이 두터울 경우에는 태동이 일주일 정도 늦게 느껴지기도 한다는 슬픈 현실.

아기의 태동이 빠르거나 느리다고 해서 성장에 문제가 있는 것은 아니니 걱정하지 않아도 된다. 초음파 검사를 할 때 심장이 잘 뛰고 있다면 아무 문제 없다.

그렇다면 아기가 보내는 이 신호는 엄마에겐 어떤 느낌일까?

많은 엄마들이 태동을 팝콘이 터지는 느낌, 금붕어가 헤엄치는 느낌, 나비가 날아다니는 느낌, 가늘고 작은 솜방망이가 배를 톡톡 치는 듯한 느낌, 무언가가 안에서 두드리는 느낌, 거품이 터지는 느낌, 아주 약한 진동이 배를 훑고 지나는 듯한 느낌 등으로 표현한다. 특히 첫 태동은 워낙에 미묘하고 조용해서 꾸르륵 가스가 차는 현상이나 꼬르륵 느껴지는 배고픔 정도로 넘겨짚을 수도 있다. 하지만 그러한 움직임이 규칙적으로 일어나면 엄마는 본능적으로 "아하 이것이 태동이구나!" 하고 알아차릴 수 있을 것이며, 앉아 있거나 가만히 누워 있으면 태동을 더욱 잘 느낄 수 있다.

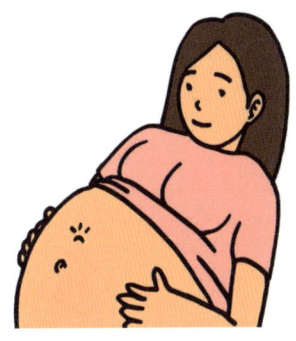

괜찮아 태동이야

그동안 엄마가 또는 아빠가 태교를 통해 일방적으로 아기에게 말을 걸거나 음악을 들려주었다면, 이제는 아기도 태동을 통해 적극적으로 자신의 존재를 알려온다. 이제 아기와 부모가 상호 소통할 수 있게 된 것. 이제 부모는 아기의 움직임으로 건강 상태를 확인할 수 있고, 발달 과정도 알 수 있다. 보통 반나절 동안 평균 10회 이상의 태동이 느껴진다면 '엄마~ 저 잘 있어요!' 하고 아기가 신호를 주는 것이니 걱정하시 않아도 된다. 지나치게 오랫동안 태동이 느껴지지 않는다면 담당 의사에게 반드시 진찰을 받아보도록.

우리 아기가 뱃속에서 어떻게 노는지 궁금한 엄마들을 위해 40주간 태동이 발전하는 양상을 정리해보았다.

아기는 엄마가 태동으로 느끼는 것보다 훨~씬 많이 움직인다. 꼼지락거리는 작은 동작까지 느껴지지 않는 것뿐! 태동은 보통 20주 이상부터 많이 느끼는데 예민한 엄마는 17~18주에 느끼기도 한다.

8주	아기는 기본적인 움직임을 보이기 시작한다. 위치를 바꾸거나 몸을 살짝 움직이는 정도. 산부인과에서 초음파로 확인할 수 있다.
9~16주	손발을 움직이는 등 몸의 움직임을 확인할 수 있다. 아기는 손을 올려 얼굴을 만지거나 입을 벌린다. 또한 기지개를 켜기도 하고 하품도 할 수 있다.

이제부터 아기의 움직임은 엄마가 느낄 수 있을 정도로 강해진다.

17~20주	아기가 뱃속에서 성장하면서 손발을 꼼지락거리는 것을 넘어, 팔다리를 쭉쭉 뻗기 시작하는 시기. 낮 시간에는 발로 차고 몸을 뒤집는 등 더욱 활동적으로 움직인다.
20~28주	이 시기에는 양수의 양도 가장 많고 자궁 안에 태아가 움직일 공간이 넓기 때문에 엄마가 자주 태동을 느낀다. 아기가 딸꾹질을 할 때는 규칙적인 움직임을 느낄 수 있다. 이 시기 태아는 청각이 완성되어 바깥에서 나는 소리를 잘 들을 수 있다. 자주 듣던 엄마 아빠 목소리에는 반응을 보이지만 낯선 목소리는 거부할 수 있으니, 타인과 있을 때 움직임이 없다고 당황하지 말자.
29~32주	아기의 움직임이 최고조에 달하는 시기다. 다리가 배 위로 올라가게 되므로 배 윗부분을 발로 차는 것이 느껴진다. 간혹 심한 태동으로 엄마가 깜짝 놀라기도 한다고.
33~36주	이 시기의 태동은 아기가 다리나 팔로 엄마의 배를 쿡 찌르거나 갈비뼈를 발로 차는 형태로 나타난다.
36~40주	출산일이 가까워지면 아기는 커질 만큼 커진 데다 출산을 위해 밑으로 내려가 머리를 골반에 고정하기 때문에 움직임이 점차 약해진다.

엄마를 들었다 놨다~ 들었다 놨다~

잠시 동안 아기의 움직임이 없다고 걱정하는 것은 금물이다. 움직임이 작아 엄마가 느끼지 못할 뿐. 그리고 아기도 쉬어야 하는 법이다. 아기가 미동도 없이 가만히 있는 순간, 대체 언제일까?

1. 꿀잠에 빠진 아기

아기도 엄마와 같이 그냥 쉬거나 잠을 자고 싶을 때가 있다. 아기가 잠을 자고 있을 때는 태동이 줄어드는데 깊은 잠에 빠진 아기는 한 시간이 넘게 자기도 한다.

2. 스트레스 받는 아기

엄마가 스트레스를 많이 받으면 고스란히 태아에게 전달된다. 또한 자궁 속 환경이 좋지 않으면 아기도 스트레스를 받아 움직임이 줄어든다. 지금부터라도 뱃속의 태아를 생각해 마음을 편하게 갖도록 노력해보는 건 어떨까?

3. 영양이 부족한 아기

엄마가 배고프면 태아도 배가 고프다. 그래서 엄마가 배가 고파 기운이 없으면 아기 역시 축 처져서 잘 움직이지 않는다. 임신 중 영양 섭취가 제대로 이루어지지 않으면 태동의 횟수는 물론 강도도 약해지니 잘 먹자! 여기서 가장 중요한 포인트! 아기의 움직임이 평소와 다르다면 의사에게 꼭 진찰을 받아야 한다는 것.

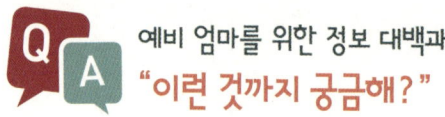

예비 엄마를 위한 정보 대백과
"이런 것까지 궁금해?"

6개월

Q 소화제나 제산제를 먹어도 태아에 안전한가요?

A 소화제나 제산제가 태아에게 영향을 미치거나 태아 기형을 증가시킨다는 보고는 없으나 장기간 많은 양을 복용하는 것은 피하는 게 좋다.

Q 임신 중 허리가 아픈데 파스 붙여도 되나요?

A 임신 28주 이후에는 사용하지 않는 것이 좋다. 파스에는 일반적으로 소염진통제인 케토펜 등이 들어 있어 태아의 동맥관 폐쇄를 유발할 수 있기 때문이다. 파스 대신 너무 뜨겁지 않은 수건을 이용해 찜질하자. 또한 충분한 휴식을 취하고, 다리 밑에 베개를 두고 자는 것도 도움이 된다.

Q 임신 중 안약(점안액)을 사용해도 될까요?

A 안약의 주성분은 생리식염수이며, 소염진통제 · 항생제 · 코르티코

스테로이드 등이 포함되어 있다. 이 성분들은 신체에 지극히 소량만 흡수되기 때문에 태아에게 영향을 미칠 가능성은 적다고 한다. 따라서 지나치게 잦은 경우가 아니라면 사용해도 좋다.

Q 임신 초기인데 빈뇨가 심하고 방광염이 있어요. 어떻게 해야 하나요?

A 빈뇨증이 생기는 이유는 임신으로 인해 프로게스테론이 증가하면서 방광이 이완되고, 요관이 확장되기 때문이다. 자궁 확장에 따른 방광의 압박도 원인이 된다. 임신 중에 발생하는 정상적인 현상이므로 안심해도 좋다. 다만, 요로계 감염 예방을 위해 손을 잘 씻고 회음부 및 요도구를 청결하게 유지해야 한다. 방광염이 생겼을 경우 방치하게 되면 '신우신염'으로 악화될 수 있으므로 반드시 완치될 때까지 치료를 받는 게 좋다. 태아에게 안전한 항생제도 처방 가능하다고 하니 두려움을 갖지 말고 일단 병원에 가서 상담을 받는다.

Q 임신 중 감기, 독감으로 고열이 나는데 어떻게 치료하면 좋죠?

A 임신 중에는 면역력이 떨어지기 때문에 감기나 인플루엔자 바이러스에 걸리기 쉽고, 중이염이나 기관지염 같은 합병증도 많이 생긴다. 이때 충분한 휴식과 탈수 방지를 위한 음료 섭취, 실내 습도 조절이 도움이 된다. 감기나 독감 모두 증상에 따라서 치료가 필요한데, 열이 높은 경우 태아의 중추신경계 손상과 관련될 수 있기 때문에 타이레놀을 복용하는 것이 좋다. 그리고 독감의 경우 필요하면 전문의와 상의하여 타미플루를 복용해도 된다.

Q 임신 중에 독감 예방접종을 해도 되나요? 아기에게 영향은 없을까요?

A 임신부는 독감에 더 취약하다. 임신부가 독감에 걸리면 호흡 곤란 및 심각한 합병증이 발생할 확률이 일반인보다 훨씬 높다. 특히 고열은 태아의 신경 손상과 조산의 위험을 증가시킨다. 따라서 임신부는 독감이 유행하기 전에 예방접종을 하는 것이 좋다. 국내 거주 중이라면, 임신 시기에 상관없이 9월 이후부터 예방접종을 하면 된다. 독감 백신의 예방 효과는 2주 이후부터 나타나 6~8개월 정도 지속된다.

Q 치과 치료 중에 임신했어요. 받던 치료를 계속 받으면 안 될까요?

A 다들 걱정을 하지만 임신 중의 치과치료는 유산, 조산, 저체중아 출산과 관계가 없다. 또한 치과 치료에 따른 마취 및 방사선 촬영 역시 태아에게 미치는 영향이 거의 없으며, 임신부의 치과 치료는 오히려 영유아에게 구강 내 세균이 전염되는 것을 막아준다. 임신 중 치과 치료를 받을 수 있는 가장 편한 시기는 임신 12주 이후부터 26주 이전까지라는 점 기억해두시길!

Q 임신 중에 수면내시경 검사를 해도 되나요?

A 수면내시경에 사용되는 마취약인 프로포폴은 임신 중 사용해도 안전한 것으로 알려져 있다. 다만, 가능하면 임신 12주 이후에 하는 것이 좋다.

Q 임신인 줄 모르고 얼굴에 보톡스를 맞았는데, 아기에게 영향은 없겠죠?

A 우선 결론부터 이야기하면 보톡스 시술이 태아에게 영향을 미칠 가능성은 거의 없다. 하지만 임신 중에는 예기치 못한 이상반응이 나타날 수 있고 태아 안전성에 대한 증거가 아직 충분치 않으니 주의하자.

Q 겨드랑이 제모를 위해 레이저 시술을 받고 싶은데 괜찮을까?
A 레이저를 이용한 제모는 모공에 열과 기계적 손상을 주는 방식으로 이루어진다. 현재까지 동물실험이나 임산부를 대상으로 한 연구에서 태아에 대한 레이저 치료의 부정적 영향이 밝혀지지는 않았다. 하지만 레이저 제모가 임신부와 태아에게 장기적으로도 안전하다는 연구 사례 또한 거의 없는 상황이므로, 임신 중 레이저를 이용한 제모는 권장하지 않는다.

7개월

이 시기가 되면 엄마들은 출산이라는 '거사'에 대해 제대로 실감하기 시작할 것이다. 아기 또한 세상에 나오기 위해 제대로 된 사람(?)의 모습을 완성해나가고 있다. 이 무렵에 하면 좋은 것이 바로 '입체초음파 검사'다. 뱃속 아기의 모습을 입체적으로 확인할 수 있는 감동의 순간! 이번 장에서는 입체 초음파의 모든 것을 담아보았다.

그리고 엄마 역시 임신 기간 중 신체적 안정을 누릴 수 있는 마지막 달이다. 그만큼 바깥 활동을 (그나마) 편하게 할 수 있는 이 무렵에 태교 여행을 떠나는 이들이 많다. 임신 말기로 가면 몸이 급속도로 무거워져 거동이 불편할 것이고, 출산 후 몇 개월 동안은 육아 때문에 정신이 쏙 빠질 터이니 지금 태교 여행을 다녀오지 않았다면 어서 여행 계획을 세우자. 여행지를 4시간 내로 이동할 수 있는 휴양지로 고른다면 굿 초이스! 너무 멀거나 이곳저곳을 힘들게 다녀야 하는 여행지는 피하도록 하자. 이 챕터에서는 〈엄마의 탄생〉 출연진이 직접 떠났던 태교 여행 코스를 자세히 소개해두었으니 참고해보시길.

꽃보다 임신

- 임신한 내 친구 괌으로 태교여행 간대! 대박 부러움
- 몸 무거워서 움직이기 힘들텐데ㅠ 여행 다니기 괜찮나 몰라~
- 노노 아기 낳으면 애 보느라 거의 1년은 여행 못 간다잖아~ 임신 했을 때 갔다 오는 게 훨 나을 듯
- 하긴 그런가?ㅋ 단둘이 여행가서 신혼 느낌 내는 건 거의 마지막이겠네
- 보니까 배우 배수빈 커플은 몰디브가고 배우 김정화 커플은 멕시코 갔던데… 아~ 부럽다 태교여행!!
- 부러우면 너도 태교여행 가면 되잖아. 근데 임산부가 비행기 타도 되나?
- 7개월까진 괜찮대~ 의사쌤한테 허락받고 이참에 해외로 떠나는 거지!! 굿굿
- 해외가 아니어도 제주도나 동해로도 많이 가던데… 임신해서 집에만 있다가 바닷가 가면~~ 캬! 속이 뻥 뚫릴 듯~~~~
- 어어~ 해외로는 괌이나 방콕 하와이 이런 데로 많이 가는 듯 휴양지에서 편하게 누리고 오는 게 최고지~
- 아~ 나도 떠나고 싶다… 난 언제쯤 갈 수 있으려나.
- 안정기되면 우리도 여행 계획 세워보자고. 그때까지 화이팅!

7개월

155

이달의 아기

키 30~37.6cm
몸무게 1kg 정도

멜론만큼 자랐어요!

임신 7개월차가 되면 아기는 이목구비가 뚜렷해질 뿐 아니라 손발 등 신체가 거의 제 모습을 갖추며, 머리카락과 눈썹이 눈에 띌 정도로 자란다. 또 이 시기에는 아기가 몸에 지방을 계속해서 저장하기 때문에 몸무게가 급격히 늘어난다. 태어나기 전 아기가 자궁 속에 비해 차가운 바깥 온도에 적응하기 위해, 그리고 태어난 후에 필요한 에너지를 모으는 과정이다. 이렇게 아기의 몸무게가 늘면서 쭈글쭈글했던 피부가 펴지기 시작한다.

이 시기 아기는 시신경이 발달해 배에 빛을 비추면 아기가 그 빛을 향해 고개를 돌리고, 낮과 밤을 구분한다. 임신 7개월은 양수의 양이 가장 많은 시기이므로, 자궁 속 여유 공간에서 태아는 자유롭게 움직일 수 있다. 곡예사처럼 자유롭게 움직이고 발로 배를 차는 등 다양한 동작을 하기 때문에 배가 아기의 발 모양 그대로 튀어나오는 모습을 볼 수도 있다. 태아는 양수를 마시고 뱉으며, 손가락을 빨기도 한다.

이달의 엄마

　임신 7개월에 엄마는 커진 자궁이 폐와 갈비뼈를 압박해 숨이 차고, 통증을 느끼게 된다. 위 역시 압박을 받아 소화가 잘 되지 않는다. 밥을 배불리 먹으면 숨을 쉬기도 어렵다는 엄마들이 많은 시기. 이 시기에는 복부·유방·허벅지 주변에 검붉은 임신선이 뚜렷하게 나타난다. 임신선이란 자궁이나 유방의 확대로 피부가 늘어나 피부 밑의 작은 혈관들이 보이는 현상이다. 또 체중이 불어나면서 요통 및 다리 부종 증세가 나타나고 다리에 쥐도 자주 난다. 수면에 어려움을 겪으며, 현기증을 자주 느끼기도 한다.

　7개월차에는 때때로 배(자궁)가 잠시 단단해졌다가 다시 정상으로 되돌아오는데, 이는 분만을 위한 연습이라고 볼 수 있다. 또 피부에 변화가 생기고 복부에 가려움증이 생길 수 있다.

　아이와 만날 순간이 가까워진다는 사실에 들뜨는 한편, 무거워진 몸 때문에 불편감과 무기력에 시달리게 된다. 예전보다 커진 몸 때문에 자신감을 잃을 수도 있다. 이때 사랑하는 남편이 "자기는 배가 나와도 너무 너무 예뻐"라는 칭찬을 건넨다면, 엄마가 아닌 '여자 아내'의 기분을 살려줄 수 있지 않을까? 다리가 잘 붓고 저리는 아내를 위해 틈틈이 마사지를 해주는 것도 좋은 남편, 좋은 아빠로 가는 지름길이다.

미리 만나는 아기, 입체 초음파

입체 초음파가 뭐냐고? 쉽게 말하면 이렇다. 일반 초음파는 2D, 입체 초음파는 3D! 임신 3개월쯤에 하는 1차 입체 초음파 검사로는 아기의 전체적인 모습을 보았지만, 임신 7개월차에 진행하는 2차 입체 초음파 검사로는 태아의 눈, 코, 입 뿐만 아니라 표정까지 확인 가능하다. 외형적인 기형 여부도 진단할 수 있다.

입체 초음파, 7개월이 딱 좋다!
임신 7개월은 아기의 이목구비가 뚜렷해지는 때로, 태어날 아기의 얼굴을 확인하기에 적당하다. 더 시기가 늦어지면 아기가 훌쩍 커서 한 화면에 예쁘게 나오기 힘들다고 한다.

비용은?
지역, 병원에 따라 4만원부터 15만원까지 천차만별이지만 보통은

5~9만원 대라고 생각하면 된다(3D와 4D는 2만원 정도 차이가 있음). 당연히 고운맘카드를 이용할 수 있고, 무료로 검사를 진행해주는 곳도 있다.

실물 전격 비교! 입체 초음파로 확인한 우리 아기, 실물과의 싱크로율은?
입체초음파로 나타난 모습이 태어날 때의 아기 모습과 거의 흡사하다고들 하는데! 전문가의 의견에 따르면 입체 초음파에서 나온 모습이 거의 그대로라 보면 된다고 한다. 잘 찍으면 싱크로율 99.9%, 적어도 80~90%는 같다고 하니, 곧 태어날 아기의 모습이 궁금하다면 입체초음파는 필수이다.

그럼, 얼마나 비슷한지 한 번 확인해볼까?

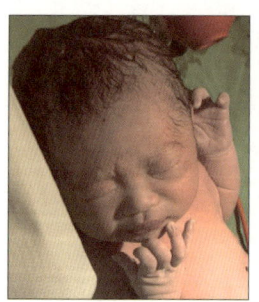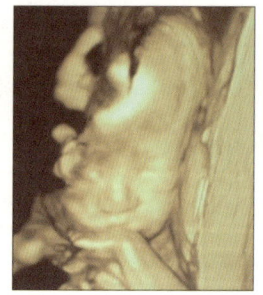

염경환 아들 꼬물이 입체초음파 사진

10년 만에 얻은 둘째, 꼬물이의 임신 7개월차에 입체초음파 검사를 했던 염경환. 뚜렷한 이목구비에 한 번 감동하고, 아빠의 버릇인 귀 파는(?) 모습까지 쏙 닮아 두 번 감동! 갓 태어난 아기의 모습이 입체초음파로 보았던 모습과 흡사한 것을 확인할 수 있다. 참고로 아기의 진~한 쌍꺼풀까지 입체초음파로 확인 가능하다.

입체 초음파를 확인한 염경환은 아기의 모습을 보고 딸이면 걸그룹을 시키고 싶다고 했었는데, 아빠의 바람(?)과는 달리 꼬물이는 아들이었다. 이렇게 꼬물이 아빠처럼 입체초음파를 자세~히 보면 아기의 성별도 확인 가능하다고 하니 두 눈을 크게 떠보는 게 좋겠다.

입체 초음파 검사를 해도 아기 얼굴 보기는 복불복?

아기 얼굴을 확인할 생각에 설레는 마음으로 검사를 받으러 갔지만, 아기가 얼굴을 손이나 팔로 가리고 있거나 태반에 파묻고 있어 얼굴을 못 보고 집으로 돌아오는 경우도 있다. 심지어 아기가 계속 얼굴을 안 보여주어 세 번이나 다시 병원에 간 경우도 있다고. 선물이 엄마 김송도 손으로 얼굴을 가리고 있던 아기의 얼굴을 보기 위해 병원 옥상에서 대대적인 운동을 했다. 옥상을 돌고 또 돈 뒤에야 보게 된 선물이의 얼굴! 엄마의 성형 전(?) 코 모습과 아빠의 튀어나온 입까지 쏙 빼닮은 모습에 김송은 감격을 금치 못했다. 고생한 엄마를 위해 손으로 하트를 그리고 있는 아기의 모습은 보너스!

입체 초음파 검사시 아기가 얼굴을 보여주지 않을 때는 선물이 엄마처럼 가벼운 운동을 하거나, 물을 마시는 것도 방법이다.

입체 초음파를 한 번에 성공하기 위한 특급 노하우는 초코우유 마시기?

초음파 검사 전에 초코우유를 먹으면 아기가 얼굴을 보여준다는 임산부들 사이의 비법 아닌 비법, 과연 사실일까? 다둥이 엄마인 배우 임호의 아내도 셋째의 입체 초음파 검사 전 무언가 마시는 것이 목격됐는데, 다름 아닌 요구르트! 4년간 초음파 검사를 받아온⑺ 그녀도 단 것을 먹으면 아기가 활발하게 움직인다는 사실을 알려주었는데, 전문가의 의견에 따르면 근거 있는 이야기라고. 보통 밥을 먹은 뒤 태동이 증가하는데 이는 당이 올라가면 아기의 움직임도 많아지기 때문이라고 한다. 또 몸을 움직이면 얼굴을 볼 수 있는 확률도 높아진다고 한다.

그럼 굳이 초코우유인 이유가 있을까? 전문가는 꼭 초코우유가 아니어도 된다고 한다. 다만 당이 빨리 올라갈수록 아기가 움직이는 것도 빨라질 테니 달수록 좋고, 흡수가 빠른 액체라면 더 좋다. 병원에서도 아기가 얼굴을 안 보여줄 경우 오렌지 주스나 초콜릿을 먹은 뒤 걷고 오는 것을 추천한다고 하니, 입체 초음파 촬영 전 단 음식 챙겨먹기! 잊지 말자.

특급 미션! 역아를 돌려라

역아란?

아기의 머리가 골반을 향하지 않고 위를 향해 있는 상태를 역아(둔위)라고 하는데, 임산부 가운데 1/3 정도가 역아를 경험한다. 하지만 대부분 출산예정일이 가까워지면 머리를 골반 쪽으로 향하며, 분만 때까지 역아로 있는 경우는 3~4% 정도밖에 되지 않는다.

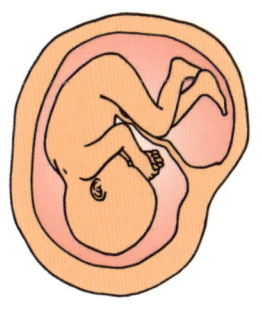
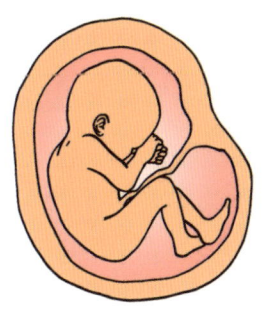

두정위   역아

아기가 역아인지는 초음파 검사 또는 내진으로 알 수 있다. 또 태동으로도 짐작해볼 수 있는데, 배꼽 가까이에서 태동이 느껴지면 정상위이고, 치골 가까운 곳에서 느껴지면 역아다. 역아의 정확한 원인은 밝혀지지 않았지만 연속 임신, 다태아(쌍둥이) 임신, 골반이 좁은 경우, 전치태반(태반이 자궁구를 가리고 있음)인 경우 역아가 될 가능성이 높다고 한다.

역아일 경우 자연분만이 어렵다!
정상적인 자세로 있는 아기는 머리가 가장 먼저 나오는데, 역아일 경우 발이나 엉덩이가 먼저 나오고 머리가 나온다. 역아인 상태로 출산을 하게 되면 아기의 머리가 산도에 걸려 뇌 손상을 입을 수도 있고, 머리와 골반 사이에 탯줄이 끼면 순간적으로 산소가 공급되지 않아 위험하다. 그렇기 때문에 역아의 경우 병원에서는 자연분만보다는 제왕절개를 권한다.

역아, 바로 잡을 수 있나?
가능하다. 특히 아기가 거의 자란 임신 7개월 무렵부터 역아를 교정하는 체조를 하면 태아가 제 위치를 잡는 데 확실한 도움을 준다.

배우 임호 아내 윤정희의 역아 바로잡기 성공 비결 대공개!
〈엄마의 탄생〉에 출연했던 배우 임호의 아내도 임신 7개월차에 역아 진단을 받았다. 진단과 동시에 역아를 제 위치로 돌리기 위한 남편 임호의 특훈이 계속됐는데, 그것은 바로 주치의가 알려준 '고양이 자세'와 '다리 올리기 자세'. 스파르타 조교 남편 덕분에 아내는 역아 진단을 받은 지 한 달만에 역아를 극복했고, 자연분만으로 본격적인 진통 시작 후 30분 만에 출산 하는 진기록을 세웠다. 지금부터 땡글이 엄마의 역아 극복 노하우를 공개한다!

1) 고양이 자세

고양이 자세는 엉덩이를 들어 올리면서 자궁 속 아기가 움직일 공간을 넓혀주어 아기가 제 위치로 돌아올 수 있게 돕는다. 배우 임호가 아내에게 가장 많이 시도하도록 유도했던 자세다. 남편, 아이들과 함께하면 효과 만점. 게다가 땡글이 아빠 임호처럼 아침에 눈 뜨자마자 모닝 키스와 함께 운동을 시작한다면 효과는 더욱 up! up! up!

① 바닥에 앉아 무릎을 꿇고 턱이나 뺨을 대고 엎드린다. 무릎이나 뺨이 닿을 부분에 푹신한 방석을 깔아두는 것이 좋다.

② 엉덩이를 높이 들어 올린 상태로 전신에 힘을 빼고 10~15분 정도 자세를

유지한다.

③ 아침에 일어나서, 밤에 잠들기 전 공복 상태에서 두 번씩 해주는 게 좋다.

※ 이때 아기 머리가 골반 쪽으로 내려올 수 있도록 배 아래쪽에서 태담을 해주거나, 노래를 들려주면 더욱 효과 만점! 배우 임호도 성악 태담을 선보여 아기가 돌아오는 것에 큰 공을 세웠다는 후문.

2) 다리 올려 눕기 자세

① 베개나 쿠션으로 머리를 받치고 눕는다.

② 의자나 소파 위에 발을 올려놓는데, 무릎까지 충분히 걸쳐놓을 수 있도록 한다.

③ 10분 정도 유지하는 게 포인트!

※ 무거운 배가 허리에 무리를 줄 수 있으니 너무 긴 시간 유지하지 않는다.

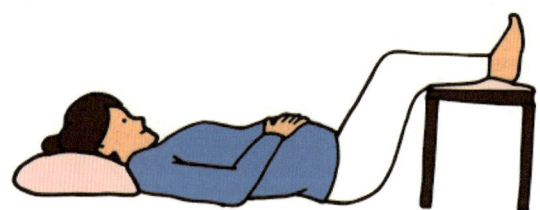

3) 반 물구나무 서기 자세

① 방석이나 쿠션을 바닥에 깔고 그 위에 선다.

② 앞에 의자를 세우고 허리를 굽혀 의자를 잡는다.

③ 허리를 굽히는 것이 익숙해지면, 바닥에 손바닥을 대고 엉덩이를 올려준다.

떠나요~ 셋이서~

요즘은 일명 '베이비문'이라고 해서 태교 여행을 다녀오는 부부의 숫자가 늘고 있다. 태교 여행을 떠나 셀프 만삭 화보를 찍고 오는 것도 요즘 트렌드. 임신 7개월은 산모와 아기 모두 편안한 시기로 기차나 비행기를 타기에 부담이 적다. 게다가 아기가 태어나면 한동안은 여행을 계획하기 어려울 테니, 다녀올 수 있을 때 시도해보아야 후회가 없지 않을까?

하와이로 태교여행을 떠난 강원래, 김송 부부

잠시 일상의 스트레스에서 벗어나 눈과 마음을 즐겁게 해주는 풍경을 보며 편히 쉬는 것은 엄마와 아기 모두에게 좋은 영향을 미친다. 또 호르몬 변화 등으로 임신 우울증을 겪고 있다면 우울감을 날려버릴 수 있는 좋은 기회다. 물론 출발 전 담당의와의 상담은 필수!

태교여행은 언제 다녀오는 게 좋을까?
임신 중 여행하기 좋은 시기는 태반이 완성된 4개월 이후부터 7개월까지다.

가장 핫한 여행지는 어디?
국내 여행지로는 제주도·강원도 등을, 해외 여행지로는 괌·방콕·필리핀·말레이시아·하와이 등을 많이 찾는다고!

임신 중 비행기 타도 될까?
비행기 자체가 아기에게 나쁜 영향을 끼치지는 않지만 4시간 안으로 이동할 수 있는 거리가 좋고, 6시간 이상은 피하는 것이 좋다. 비행 시간이 길면 탈수와 혈전증을 유발할 수 있기 때문에, 비행 중에 물을 많이 마시는 게 좋다. 참고로 임신 8개월 이후에는 항공사에서 탑승을 거부할 수 있으므로, 탑승 전 72시간 내에 진료했다는 증명서가 필요하다. 항공사에 따라 의사 소견서가 필수인 곳도 있다. 해외여행(외국항공사) 영문 소

> **Tip**
> 임산부의 경우 비행기 앞쪽으로 자리를 잡는 것이 좋다. 좌석 앞의 공간이 상대적으로 넉넉하기 때문.

견서까지 준비한다면 금상첨화!

여행지의 병원 확인은 필수!
임신 중에는 어떤 위급 상황이 발생할지 모르니, 여행지의 병원 위치를 확인해야 한다. 어디로 어떻게 가야 하는지를 미리 알아두면 좋고, 병원 가까이에 있는 숙소를 택한다면 더욱 마음 편한 여행이 된다.

〈엄마의 탄생〉이 제안하는 태교 여행법

1. 미리 계획을 세워라
태교 여행은 반드시 계획을 하고 떠나야 한다. 몸 상태가 가장 좋은 시기, 이동 거리와 교통수단 등을 미리 생각해두어 최대한 피로하지 않게 하는 것이 중요하다. 계획 없이 무작정 여행을 떠나면 신경 써야 할 것들이 많아져서 스트레스를 받거나 무리하게 될 수 있다.

임호, 윤정희 부부의 속초 여행

임호 부부는 두 사람의 추억이 가득한 속초로 여행을 떠났다. 여러 번 함께 찾았던 곳인 만큼 익숙한 장소들로 계획성 있는 여행을 했는데, 두 사람의 목표는 식도락! 땡글이 엄마 아빠가 다녀온 속 알~찬 속초 태교 여행 루트를 소개한다!

① 사랑을 쓰려거든 해변에 쓰세요♪ '등대 해수욕장'
속초에 도착하자마자 바다로 향한 두 사람은 옛 추억을 떠올리며 바닷

속초시 영랑동에 있는 해수욕장. 관광명소인 영금정, 해돋이 정자, 등대전망대, 영랑호 등과 가까운 위치에 자리 잡고 있다. 다른 해수욕장에 비해 한적하고 조용하게 즐길 수 있는 장소다.

가를 거닐었다. 로맨틱한 남편 임호는 모래 위에 아내를 향한 사랑의 메시지를 적어 고백하기도 했는데, 그 장소가 바로 등대 해수욕장.

② 바다 내음이 입 안 가득! 물회 맛집 '봉포머구리집'

속초에 간 사람이라면 안 들러본 사람이 없다는 음식점. 모둠 물회, 성게 알밥, 멍게 비빔밥, 섭죽 등 신선한 해산물로 만든 메뉴가 다양하게 갖춰져 있다. 빠짐 없이 맛보고 싶었던 임호 부부는 4인분이나 시켜서 즐겼을 정도. 특히 동해안에서 잡은 10여 가지 제철 해산물이 들어간 넉넉한 양의 모둠 물회가 인기. 임신으로 잃어버린, 혹은 임신으로 넘치는 입맛을 채워줄 장소다. 대기표를 받고 순서를 기다렸다 들어가야 하기 때

속초시 영랑동 148-58번지 (TEL. 033-631-2021) 가격은 대부분 1만 원대 (모듬 물회 1만 2,000원/ 성게 알밥, 멍게 비빔밥, 섭죽 1만 원)

문에 미리 대기표를 받은 후 바로 앞에 있는 등대해수욕장을 구경하면 좋다.

③ 맛과 인심이 넘치는 곳, 중앙 시장

물회를 맛있게 먹었다면 후식으로는 씨앗 호떡을 추천한다. 물회 가게에서 10~15분 정도 이동하면 속초 중앙 시장이 있는데, 이곳도 맛의 보물창고. 우선 장사진을 이루며 줄을 서서 먹는 씨앗호떡이 별미다. 또 속초의 명물 '만석 닭강정'을 빼놓으면 서운하다. 점심 식사를 든든하게 먹은 탓에 씨앗호떡과 닭강정을 포장해 이동했던 임호 부부. 호떡과 닭강정은 식어도 충분히 맛있기 때문에 숙소에서 시식해도 좋다.

속초관광수산시장: 강원도 속초시 중앙동 471-4 (TEL. 033-633-3501)

④ 역사와 낭만이 있는 아바이 마을

중앙시장 가까운 곳에 아바이 마을로 들어가는 선착장이 있다. 아바이 마을까지 이동할 수 있는 다리도 세워져 있지만 갯배를 이용해 들어가는 것이 속초 여행의 독특한 묘미 중 하나. 배우 임호도 갯배를 직접 몰아보았는데, 직접 쇠막대기를 이용해 이동시키는 갯배는 색다른 즐거움을 준다. 아바이 마을에서 빼놓을 수 없는 것은 아바이 순대와 오징어 순대 듀오. 반드시 맛보고 돌아오자.

아바이 마을: 강원도 속초시 청호동 1076, 단천집(오징어순대): 강원도 속초시 청호동 842 (TEL 033-632-7828)

⑤ 남편과의 설레는 로맨스를 원한다면? 도자기 체험!

임호 부부는 도자기 박물관에서 함께 도자기 작품을 관람하고, 직접 도자기를 만들며 태교는 물론 부부간의 닭살 애정을 과시했다. 손으로 직접 도자기를 만드는 것은 아기의 뇌에 긍정적인 자극을 줄 뿐 아니라 좋은 감정을 전달할 수 있는 태교 방법이다. 영화 〈사랑과 영혼〉의 명장면을 따라해보는 것도 또 하나의 즐거움일 것! 또 직접 만든 도자기 작품을 가져갈 수 있어 태어날 아기를 위한 선물도 마련할 수 있다.

석봉도자기 미술관: 강원도 속초시 교동 668-57(TEL. 033-638-7712), 관람료 성인 5,000원, 도자기 물레 체험은 2만원

⑥ 속초 태교 여행의 마무리! 엑스포 전망대

마지막 장소는 엑스포 전망대가 제격이다. 속초 시내가 한눈에 들어와 눈과 마음이 탁 트이는 명소로, 아름다운 석양을 볼 수 있다.

엑스포타워: 강원도 속초시 엑스포 1로 136, 이용료 성인 1,500원

〈엄마의 탄생〉이 제안하는 태교 여행법

2. 휴양지로 떠나라
아기와 함께 떠나는 태교 여행. 무거운 몸으로 굳이 관광을 감행할 필요는 없다. 마음껏 편히 쉬고 오는 것이 태교 여행의 목적인 만큼 여행지는 휴양지로 택하도록 하자.

강원래 김송 부부의 하와이 여행

강원래 부부도 7개월차에 태교 여행을 떠났었는데, 여행지는 바로 베이비문·허니문의 로망 하와이! 하와이에 사는 친구의 초대로 여행을 떠났던 두 사람은 오랜만에 보는 친구와 즐거운 시간을 보내며 푹~쉬고 돌아왔다.

① 강원래도 반한 맛! 지오반니 새우트럭

하와이 맛집을 검색하면 가장 많이 나오는 곳 중 하나가 '지오반니 새우트럭'이다. 해안가 도로를 달리며 드라이브를 즐기다보면 만나게 되는데, 다양한 소스의 새우 요리를 저렴한 가격에 맛볼 수 있다.

Giovanni's Shrimp Truck : 66-472 Kamehameha Hwy., Haleiwa, HI 96731. 영업시간 | 10:30~17:00, 가격 | 갈릭새우 13달러, 핫스파이시 새우 13달러, 레몬버터새우 13달러, 갈릭 핫도그 3.5달러

② 바다의 푸른빛과 모래사장 황금빛의 조화! 와이키키 해변

석양을 바라보며 강원래·김송 부부가 선물이의 순산을 기원했던 곳이다. 바라보기만 해도 콧노래를 흥얼거리게 되는 바다 앞에서 임신으로 우울했던 마음까지 모두 날려버릴 수 있다. 편안하고 여유로운 시간을 즐기며, 와이키키 해변을 배경으로 셀프 만삭사진을 찍는 것도 좋겠다.

엄마는 불편해!

임신 7개월, 점점 불어나는 배와 체중으로 머리부터 발끝까지 불편한 게 많아도 너~무 많은 예비 엄마들! 양치를 하다가도 치약이 배로 떨어지고, 음식을 만들다가도 또 먹다가도 배에 묻는 불편한 진실.

책을 함께 읽을 아기의 아빠들, 가족들을 위해 이 무렵 임신 여성이 얼마나 불편한지 무엇이 불편한지 자세히 정리했으니 배려 부탁해요!

발톱 깎기가 불편해

앉아서 운동화 신기, 양말신기, 발 씻기 등 임산부에게 발은 너무 먼 당신이다. 특히 번거로운 점 중 하나가 발.톱.깎.기! 불어난 배 때문에 발가락이 보이지 않는다는 엄마들도 많은데, 과연 선배들의 노하우는? "양반다리 하고 잘라요" "의자에 앉아서 다리 올리니 할 만하네요" "네일샵에 가요" "그냥 길러요" 등등 다양했다. 하지만 그중에서도 단연 1순위는 "남편이 잘라줘요!"

사소한 것도 서운할 수 있는 임신 기간! 남편이 먼저 나서서 발톱을 깎아준다면, 아내에겐 큰 감동이 되지 않을까?

잠자기가 불편해

불면증

임신을 하면 호르몬 때문에 소화가 느려져 속이 쓰리고, 커진 자궁이 방광을 압박해 화장실을 왔다갔다 해야 하는 탓에 제대로 잠을 자기가 어렵다.

불면증 극복법

① 왼쪽으로 누워서 자라!

임신 중기는 점점 자궁이 커지는 시기로 배가 나와 잠자리가 불편하다. 이때 배를 위로 하고 누우면 자궁이 하대정맥과 대동맥을 압박하게 되므로 옆으로 누워 자는 것이 좋다. 우리 몸의 혈관이 약간 오른쪽에 치우쳐 있으므로 왼쪽으로 눕는 것이 베스트!

숙면을 돕는 바디 필로우

배가 나오기 시작하면 똑바로 누워도 불편하고 엎드려 눕는 건 아예 안 되니 참 답답하다. 그나마 옆으로 눕는 것이 제일 편한데, 누워서 배를 받쳐놓을 수 있게 만들어진 '바디 필로우'를 사용하면 더욱 편안하게 잠을 청할 수 있다. 형태는 C자형·J자형·U자형·일자형 등 다양하고, 가격대는 1~20만원까지 천차만별이니 본인의 수면 습관에 맞게 잘 따져보고 고르면 좋다.

② 숙면을 돕는 음식

불면증을 해소하는 데 음식도 큰 역할을 한다. 우유·치즈·양파·바나나·생선·상추 등 숙면을 유도할 수 있는 음식들을 평소에 섭취해주면, 임신 불면증 예방에 도움이 될 수 있다. 차를 자주 마시는 것도 좋은데 대추, 산조인, 백자인, 생강차, 귤피차가 도움이 된다. 대추는 맛이 달아 먹기에도 좋고, 신경을 안정시켜주는 기능을 한다. 산조인이나 백자인과 같은 약재도 수면에 도움을 준다. 이밖에 통밀밥이나 연자육밥, 콩류도 숙면을 하는 데 도움이 될 수 있다.

코골이

임신 전에는 코를 골지 않았음에도, 임신 후 갑자기 코골이 증상이 나타날 수 있다. 갑자기 심해진 코골이 때문에 옆에 있는 남편뿐 아니라 본인 스스로도 잠을 잘 못 이룰 수 있다는 불편한 진실. 하지만 이런 증상은 출산 후 사라질 수 있고, 다른 여성들에게서도 많이 나타나는 현상이니 크게 놀랄 필요는 없다. 영국 에든버러 대학에서는 임신 6개월 이상의 여성과 임신하지 않은 여성을 대상으로 임신과 코골이의 관계를 조사했는데, 임신한 여성이 임신하지 않은 여성에 비해 2배 이상 높은 비율로 코골이를 경험했다는 연구 결과가 나왔다.

임신 중 코골이가 생기는 이유는 임신 주수가 늘어갈수록 배가 점점 눌리기 때문이다. 이때 기도 윗부분이 좁아지면서 호흡이 어려워져 코골이 증상이 발생한다.

머리, 어깨, 무릎, 다리가 불편해

머리

임신 중에는 두피의 피지 분비가 왕성해져 비듬이 생길 수 있다. 임신 중 비듬은 균 때문이라기보다는 피지에 의한 것이므로 비듬용 샴푸는 사용하지 않는 게 좋다.

임신 기간 중에는 머리카락이 그 어느 때보다 풍성하고 윤기가 흐른다고 느껴지는데, 이는 호르몬(에스트로겐)이 기존의 모발을 빠지지 않게 하기 때문이다. 하지만 기쁨도 잠시, 출산과 동시에 호르몬 수치가 정상으로 돌아오면서 그동안 빠지지 않았던 머리카락이 두 배로 빠지기도 한다. 이는 시간이 지나면서 자연스럽게 회복되기 때문에 너무 걱정할 필요는 없다. 단, 출산 후 무리하게 다이어트를 하거나 산후조리를 제대로 하지 않으면 산후탈모가 오래 갈 수 있으므로 주의하자.

어깨

임신 중인 여성들은 무거워진 배와 가슴 때문에 무게중심이 앞으로 쏠려 어깨와 목에 힘을 많이 주게 된다. 어깨와 목이 뻣뻣해지는 것은 그 때문이다. 통증을 그대로 두면 출산 후 아기를 안거나 수유를 할 때 무리를 줄 수 있으니 평소 가벼운 스트레칭이나 마사지로 풀어주는 게 좋다.

어깨 결림을 줄여주는 스트레칭

① 편한 자세로 앉거나 서서 팔과 어깨를 앞뒤로 움직여 풀어준다.

무릎

임신 7개월차의 임신부는 걸을 때는 40kg, 계단을 오를 때는 70kg의 하중이 무릎에 가해진다고 한다. 그러니 평소 무릎에 무리를 주지 않는 것이 중요하다. 앉을 때는 낮은 의자에 깊숙이 등을 대고 앉고, 누울 때는 무릎 사이에 베개나 쿠션을 끼워 무릎에 부담을 줄여주자. 무릎 보호대를 사용하는 것도 방법 중 하나.

다리

배가 불러오면서 무거워진 상체를 하체가 지탱하기 위해 등 아래쪽이 앞으로 당겨지고 척추가 구부러지기 때문에 다리가 잘 붓는다. 혈액순환도 원활하지 않아 손발이 저릴 때가 많다. 잠을 잘 때도 자주 다리가 저리다면 미리 다리를 풀어주고 자는 것이 좋다.

다리 저림을 예방하는 스트레칭

① 다리를 쭉 펴고 앉는다.

② 발가락을 인사하듯이 오므린다.

③ 발목을 안쪽으로 모아주는데, 무릎은 하늘을 향하도록 움직이지 않는 게 포인트.

④ 발목을 모은 상태에서 발가락을 오므렸다 폈다 해준다.

다리 저림을 극복하는 생활법

① 다리를 높게 한다.

오랜 시간 앉아 있거나 서서 일한다면 한 시간당 10분 정도 의자에 다리를 올리고 있는 것이 좋다. 밤에도 가능한 다리를 높게 하고 수면을 취하면 부기를 가라앉힐 수 있다.

② 다리 운동을 한다.

몸이 무거워질수록 움직이지 않으려고 하지만, 그럴 때일수록 많이 움직여주는 게 좋다. 발뒤꿈치로 서려고 노력하면 종아리 쪽 근육이 자극되어 혈액순환이 잘 된다. 또 자주 다리를 주물러 마사지를 해주면 피로감을 줄일 수 있다.

③ 물을 많이 마신다.

물을 많이 마시면 노폐물이 빨리 배출되기 때문에 몸의 부기를 빼줄 수 있다. 음식을 짜게 먹은 날에는 수분이 몸에 머물러 더욱 잘 붓는다. 그럴 때는 채소나 과일로 수분을 섭취하자.

④ 헐렁한 옷을 입는다.

작은 신발을 신으면 발이 금방 붓는 것처럼, 임신 중에 달라붙는 옷을 입으면 부종이 심해진다. 신발도 넉넉하고 편안한 것을 신도록 하자.

털이 많아 불편해

막달이 다가올수록 남성호르몬인 안드로겐의 분비로 인해 체모가 굵어질 뿐 아니라 색깔도 진해진다. 또 턱이나 코 아래, 볼, 가슴, 배에도 털이 생길 수 있다. 이런 현상도 출산 후 사라지지만 신경이 쓰인다면 제모를 하는 것도 괜찮다.

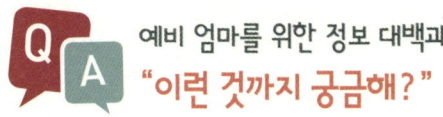

예비 엄마를 위한 정보 대백과
"이런 것까지 궁금해?"

7개월

Q 속이 더부룩한데 시~원하게 드링크 소화제 한 병 먹어도 될까요?

A 임신 중에는 자궁이 위를 압박해 조금만 먹어도 속이 답답하다는 느낌이 들 수밖에 없다. 참기 힘들 정도로 속이 울렁거리거나 체했을 때는 마시는 소화제보다는 일반 소화제를 권장한다. 드링크 소화제에 대해 전문가마다 의견이 분분하기 때문. 일반 소화제라고 해도 오랜 기간 복용하지 않는 것이 좋으니 소화가 잘 되지 않을 때에는 매실 엑기스를 섭취하도록 하자. 탄산수에 섞어 마셔도 효과가 좋다.

Q 자다가 악몽을 꿨는데 아기에게 안 좋은 영향을 미칠까요?

A 임신 중에는 호르몬의 변화 때문에 숙면을 취하기 어려워 꿈을 자주, 생생하게 꾸게 된다. 게다가 출산에 대한 걱정과 예민해진 감수성 탓에 생긴 불안한 마음들이 쌓여 무서운 꿈을 꾸기 쉽다. 꿈의 종류는 아기가 잘못 되는 것부터, 누군가 자신을 쫓아오는 꿈, 남편이 바람피

우는 꿈, 야한 꿈까지 무척 다양하니 "어머 임산부가 이래도 되나!" 하며 너무 놀라지 않아도 된다. 악몽은 태아에게 영향을 주지 않으니 걱정할 필요도 없다. 다만 악몽을 꾸게 되면 몸이 긴장할 수 있으므로 스트레칭으로 근육을 풀어주고, 배 마사지를 해주는 것이 좋다.

Q 가슴이 작으면 모유의 양도 적나요?

A 가슴 크기와 모유량은 전혀 관계가 없다. 모유는 가슴에 있는 특수 세포에서 만들어지므로 가슴이 작더라도 출산 후 아기가 젖을 빨면 충분한 양을 만들어낼 수 있다. 가슴 크기로만 보면 동네 아기들을 모두 먹일 수 있다는 엄마도 모유가 적게 돌아 고생했다고 하는 반면, 납작(?) 가슴임에도 아기가 배불리 먹었다는 엄마도 있다. 다만 가슴이 클수록 모유를 더 많이 보관할 수는 있다! 따라서 가슴이 작은 사람은 출산 초기에 분비되는 모유를 다 저장할 수 없기 때문에 가슴이 큰 사람에 비해 젖몸살을 더 심하게 앓을 가능성이 있다.

Q 여드름이 심한데 약을 발라도 괜찮을까요?

A 임신을 하면 여성호르몬인 에스트로겐과 프로게스테론의 균형이 깨지면서 피지가 활발하게 분비된다. 그래서 난데없이 생긴 여드름 때문에 고생하는 이가 많은데, 갑자기 생긴 트러블 때문에 스트레스를 받더라도 약은 섣부르게 사용하지 않는 것이 좋다. 바르는 약 가운데 임신 중 사용 가능한 연고가 있으니 의사와 상담 후 사용하도록 하자. 먹는 약은 태아의 선천성 기형을 초래하는 등 치명적인 영향을

끼칠 수 있기 때문에 절대 사용 불가! 여드름 때문에 스트레스가 심하다면, 화학 약품을 사용하지 않는 압출술, 레이저 시술을 받길 권한다.

Q 아기와 엄마의 성별이 다르면 피부 트러블이 심하다는 게 사실인가요?
A 아니다. 피부 트러블이 심할 경우 아들, 피부가 좋아졌을 경우 딸이라는 말이 있지만 이것은 속설에 불과하다. 임신성 트러블은 호르몬의 영향과 개인 체질, 주변 환경에 의한 것이기 때문에 뱃속 아기의 성별과는 무관하다.

Q 복대를 사용하면 아기가 답답해하지 않을까요?
A 복대를 착용한다고 해서 아기의 성장을 방해하지도 않고 아기 역시 답답해하지 않는다. 임산부용 복대는 보온 효과가 있을 뿐 아니라, 배가 아래로 처지지 않게 고정해주고 외부 충격으로부터 아기를 보호해주기 때문에 임신 5개월 이후부터 8개월 전까지 사용하면 좋다. 아랫배를 받쳐주기 때문에 허리 통증을 완화시키는 데 효과가 있다.

Q 임산부 영양을 위한 비타민, 다양하게 먹을수록 좋나요?
A 비타민이라고 모두 좋은 것은 아니다. 태반을 통과하는 것으로 알려진 비타민 A의 경우 과용하면 선천성기형을 유발할 수 있다. 먹으면 좋은 것으로는 다음과 같다. 비타민 C는 몸속의 산화를 줄이는 데 효과적이며, 비타민 B의 경우에는 기형아 출산을 예방해준다고 한다.

비타민 D는 결핍될 경우 태아의 뇌 발달을 저해할 수 있다는 연구결과가 있다. 여기서 가장 중요한 것은 비타민은 정제보다는 천연 식품으로 섭취하는 편이 좋다는 것이다.

Q 임신 중 허브 아로마 오일 사용해도 되나요?

A 모든 아로마 오일이 태아에게 안전한 건 아니다. 페퍼민트, 로즈마리 등은 자궁 수축을 유발하므로 피해야 한다. 또 바질, 시트로넬라 등 독성이 있거나 월경 촉진 작용을 하는 종류는 사용하면 안 된다. 몇몇 허브류에는 호르몬에 영향을 주는 성분이 함유되어 있으니 전문가와의 상담 후 사용하자. 올리브 오일은 임신 중에 사용해도 안전하므로 보습과 튼살 예방용으로 써도 괜찮다.

Q 임신 중 회 먹어도 될까?

A 도다리, 민어, 송어 등 작은 생선은 먹어도 괜찮다. 큰 생선(참치, 연어 등)의 몸속에는 메틸수은과 폴리염화비페닐이 많이 들어 있어 임신부가 섭취할 경우 태아의 신경계에 나쁜 영향을 미칠 수 있다. 육회나 초밥도 위험할 수 있다. 익히지 않은 음식에는 세균이나 기생충이 들어 있을 수 있기 때문. 임신 기간에는 가능하면 익혀 먹도록 하자.
(※미국 FDA에서는 상어, 황새치, 고등어, 옥돔은 1주일에 180g 미만으로 먹을 것을 권고한다. 메틸수은이 먹이사슬의 상위로 갈수록 축적되기 때문이다.)

8개월

아기와 함께한 지도 8개월이 지났다. 이제 태아는 신생아와 거의 비슷한 모습으로 성장했고, 임신과 출산이라는 단어가 막연하기만 했던 엄마도 서서히 '진짜 엄마'로 변신 중이다. 하지만 8개월이 흘러도 임신이란 건 도무지 적응이 안 된다. 배는 점점 더 무거워져만 가고, 크게 확장된 자궁이 가슴을 누르는 통에 잠 못 이루는 밤도 수두룩하다. 날로 늘어가는 임신 트러블을 견디다 못해 "차라리 얼른 낳아버리고 싶다"며 고개를 젓기도 한다. 작년에 출산한 언니 말로는 그래도 뱃속에 있을 때가 편하다던데, 그럼 육아는 대체 얼마나 더 힘들다는 건지 걱정이 밀려오기도 한다.

이제 중요한 건 마음가짐이다. 예상치 못한 타이밍에 툭툭 튀어나오는 우울한 기분은 임신 중 흔히 겪는 감정이라는 것을 이해하면 마음이 한결 편해질 것이다. 남편, 친정엄마, 친구들 또는 임산부 커뮤니티에서 만난 선배들과 충분한 대화를 나누며 여유를 되찾도록 하자. 곧 만나게 될 아기를 생각하며 아기용품을 하나씩 준비해보는 것도 마음을 다스리는 좋은 방법이다. 잠시 시간을 내어 귀여운 아기방을 꾸며보는 건 어떨까? 만삭 때는 외출이 힘들어지므로 지금이 가장 좋은 찬스! 낳고 나서 허둥대지 말고, 지금 당장 실속 있고 핫한 아이템을 알아보자!

아기 맞이 대작전

> 언니들~ 아기용품은 보통 언제 준비하나요?

> 아직 준비 안했어?

> 네. 아직 못했는데 이제 슬슬 준비해야 할 것 같아서요.

> 보통 애기 낳기 직전에 사더라구.

> 만삭 때는 움직이기 힘드니까 8개월쯤 준비해서 사는 게 좋을 것 같아.

> 그렇구나!

> 저도 오늘부터 필요한 물품 정리해서 쇼핑 가야겠어요.

> 너무 무리해서 쇼핑하지 말고 인터넷을 이용해봐.

> 아, 그런 방법도 있었군요. 우선 나만의 아기용품 체크리스트부터 적어보려구요.

> 필요한 물품만 알뜰하게 구입하는 현명한 예비엄마~

> 응. 궁금한 거 있으면 언제든지 문자해. 준비 잘하고.

이달의 아기

키 37.6~42.4cm
몸무게 1.5~1.8kg 정도

8개월 된 태아는 '해바라기'다? 이 시기 태아는 눈을 완전히 뜨고 자궁 밖에서 비쳐 들어오는 빛을 볼 수 있다. 빛을 비추면 해바라기처럼 빛을 따라 고개를 돌리기도 하고, 31주가 되면 어둠과 밝음도 구별 가능하다. 이 시기 태아는 제법 신생아다운 모습으로 성장한다. 지방층이 생기면서 포동포동하게 살이 오르고 머리카락과 눈썹, 속눈썹도 자라난다. 손톱과 발톱도 점점 길게 자라고, 뇌가 빠르게 성장하면서 머리 크기도 커진다. 또한 이 시기 태아는 생식기의 구분도 뚜렷해진다고 하니 모두 눈 크~게 뜨고 초음파 사진을 살펴볼 것! 폐와 소화기관이 완성되기 때문에 조산할 경우에도 생존 확률이 높다.

이달의 아기

8개월차에 접어든 임신부에게는 이제 인고의 시간이 펼쳐진다. 우선 태동이 점점 강해져, 엄마는 태아의 발길질에 놀라거나 통증을 느끼게 된다. 자궁이 커져서 위와 심장을 압박하기 때문에 가슴이 갑갑하고 위가 쓰리기도 하며, 커진 자궁이 방광을 압박해 요실금이 생기기도 한다. 체중은 1주일에 0.5kg씩 빠른 속도로 늘어나며, 태아가 커지면서 호흡에 어려움을 느끼는 경우도 있다. 허리나 등에서도 자주 통증을 느낀다. 무거워진 배를 지탱하기 위해 어깨와 몸을 뒤로 젖히기 때문에 어깨 통증도 생긴다.

이때부터는 한 달에 한 번씩 받던 검사를 2주에 한 번씩 받는다. 이 시기에는 초음파 검사로 태아의 크기와 위치, 자궁경부의 상태와 산도 크기, 양수의 양과 태동을 체크한다. 또한 임신중독증이 많이 생기는 시기이므로 소변 검사를 통해 부종과 단백뇨를 체크한다. 검사는 멸균 용기에 소변을 받아 리트머스 종이에 묻혀 검사하는 방식으로 이루어진다.

우리 아기 서랍 정리!

임신 8개월에 접어들면 본격적으로 아기를 만날 준비를 시작해야 한다. 만삭 때는 외출을 하거나, 무거운 물건을 들기가 어려우므로 지금이 아기용품 '득템'을 하기 딱 적당한 시기. 그런데 뭘 사야 할지 모르겠다고? 어마무시하게 쏟아져 나오는 아기용품의 홍수 속에서 우리 아기에게 진짜 필요한 것은 무엇인지, 어떤 것부터 어떻게 준비해야 할지 결정하기란 그리 쉽지 않다. 그렇다고 너무 겁먹지는 말 것! 여행계획을 세우듯 차근차근 하나씩 적어나가면 어느새 모든 아기용품이 정리되어 있을지니!

도전! 아기용품 마스터

언제가 홈쇼핑에 나오는 물건을 무턱대고 구매했다가 쓰라린 후회를 한 경험이 있지 않은가? 아기용품을 살 때도 마찬가지다. 미리 구매계획을 세워야 효율적인 소비가 가능하다는 건 만고불변의 법칙. 하물며 우리 아기가 쓸 물건이니 나만의 기준을 정해 똑똑하게 준비해보자.

　아기용품 구매 계획을 세울 때는 먼저 '필요한 시기'를 생각하라. 태어나고 한참 후에 사용할 물건까지 미리 사놓을 필요는 없다. 아기는 쑥쑥 성장하기 때문에 사이즈를 맞추기도 어려울 뿐더러, 앞으로 출산 선배들이 얼마 안 쓴 아기용품을 턱 하고 물려줄지도 모를 일이다. 그러니 지금은 출산 후 외출이 어려울 것을 대비해 '신생아부터 생후 3개월' 사이에 사용할 물건만 먼저 구입하는 것이 좋다.

　시기를 정했으면 다음으로는 몇 가지 기준을 정해 리스트를 정리해보자. 살 것, 물려받을 것, 선물로 받을 것, 직접 만들 것 등으로 리스트를 나누면 지금 당장 사야 할 물건을 한 눈에 파악할 수 있다.

나만의 아기용품 체크리스트 적어보기 생후 3개월까지

살 것	물려받을 것		선물 받을 것		직접 만들 것
	누구에게	무엇을?	누구에게	무엇을?	

첫 아이 출산을 앞두고 있다면 이미 출산을 경험한 선배들에게 아기용품에 대한 조언을 구하는 것도 좋다. 아기용품 중에는 생각보다 필요가 없는 것도 많기 때문에 좋아 보인다고 무작정 구매했다가는 손 한 번 안 대고 버리는 경우도 허다하기 때문이다. 그렇다면 모든 선배 맘들이 꼭 필요하다고 인정한 아기용품에는 어떤 것이 있을까? 자, 이제 엄마들이 입을 모아 필요성을 증명한 '사용률 100%' 아기용품 리스트를 공개한다.

1) 의류

• 배냇저고리 (3개)

아기가 태어난 뒤 처음 입히는 옷으로 보온과 위생에 중점을 두어야 한다. 통풍과 땀 흡수가 잘 되는 순면 제품으로 고른다. 한여름에 태어나는 아기의 경우 소매가 긴 배냇저고리를 오래 입히지 못할 수 있으니 수량을 잘 조절하자.

• 손싸개 (2개)

신생아 때에는 손톱으로 귀나 얼굴에 상처를 내는 경우가 많으므로, 따뜻한 집에 있을 때라고 해도 손을 감싸주어야 한다. 배냇저고리는 손을 감쌀 수 있도록 소매 부분이 처리되어 있지만, 내의를 입히기 시작하면 손싸개가 필요하다.

• 우주복 (2개)

기저귀를 쉽게 갈 수 있도록 가랑이부터 발목까지 똑딱 단추를 달아놓은 옷. 입히고 벗기기에 편리해 많이 사용한다.

• 턱받이 (3개)

신생아는 위와 장이 덜 발달되어 토하는 일이 많으므로 턱받이를 해주면 편하다.

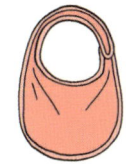

아기용품	수량	꼼꼼하게 체크하기
배내 가운	1~2개	기장이 긴 배냇저고리라고 생각하면 된다. 겨울에 태어난 아기들이 주로 사용하며, 여름에는 배냇저고리만으로도 충분하다.
신생아 모자	1~2개	외출시 보온을 위해 필요하다. 챙이 있는 모자인 경우, 부드러운 심을 사용한 것으로 고른다.
천 기저귀	20~30개	부드럽고 흡습성이 좋은 순면 제품으로 고른다. 색이 엷어야 아기가 설사를 했을 때 상태를 관찰하기 쉽다. 일회용 기저귀를 사용할 예정이더라도 기저귀 발진이 날 때에는 천기저귀를 사용하는 것이 좋으므로 준비하도록 한다.
발싸개 (양말)	2켤레	아기는 걷지 못하지만 체온 유지를 위해 발을 감싸주어야 한다.
내의	2~3개	배냇저고리가 작아지거나 더운 날씨 때문에 긴 옷을 입히기 어려운 경우, 실내용 내의를 입힌다.
유아용 세제	1개	아기 옷은 반드시 자극이 적은 유아 전용 세제로 세탁한다.
기저귀 가방	1개	아빠가 들고 다닐 경우를 대비해 무난한 디자인으로 고르는 것이 좋다.

2) 수유용품

• 젖병 (2개)

끓는 물로 소독이 가능하고, 가벼운 것으로 소량만 구입한다. 병원 및 조리원에서 모유 수유 상황을 보아가며 추가로 필요한 젖병을 구입하면 된다.

• 젖꼭지 (2개)

신생아용부터 시작해 아기의 개월 수에 따라 단계별로 구성되어 있다. 아기의 성장에 맞춰 젖꼭지를 교체해주어야 한다. 엄마의 젖 외에는 빨지 않는 아기도 있으니, 역시 병원 및 조리원에서 수유 상황을 보아 추가로 필요한 것을 구입한다.

• 유축기 (1개)

모유를 먹이는 경우에 필요하다. 아기가 먹고 남은 모유는 유축기를 이용해 완전히 제거해주어야 젖몸살을 방지할 수 있다.

• 젖병 전용 세제 (1개)

잔여물이 남지 않고 멸균 및 소독 가능한 제품으로 고른다.

아기용품	수량	꼼꼼하게 체크하기
젖꼭지 세척 브러시	1개	솔이 너무 뻑뻑하면 젖병에 흠집이 날 수 있으므로 부드럽고 내구성이 좋은 솔로 고른다.
젖병 소독기	1개	조작이 간단하고, 소독이 끝나면 알람 소리가 나는 것으로 고른다. 끓는 물로 소독을 할 예정이라면 굳이 구입할 필요가 없으나, 차후 이유식기를 씻어 소독하고 말리는 용도로도 사용이 가능하다.
젖병 세척 브러시	1개	젖병에 묻은 우유 찌꺼기를 닦아내는 솔이다. 젖병 세척 시에는 부드러운 전용 브러시를 이용해야 하는데, 실리콘 등 다양한 소재의 제품이 나와 있다.
젖병 집게	1개	젖병을 소독할 때 끓는 물에서 젖병을 꺼내는 용도로 사용한다.
휴대용 분유통	1개	내용물이 새지 않고, 눈금표시가 되어 있는 것으로 고른다. 분유를 덜기 편하게 나팔모양 깔때기 뚜껑이 있는 것이 좋다. 일회용 분유 파우치도 나오니 검색해볼 것.
노리개 젖꼭지	1개	영아 산통을 줄여주고 정서적 안정을 돕는다. 습관적으로 물리거나 잘 때 사용하면 귓속 압력 변화로 중이염을 유발할 수 있다.
수유 브래지어	2~3개	모유를 먹이는 산모는 유방에서 계속 젖이 흘러 속옷이 축축해진다. 수유패드가 장착된 수유 브래지어를 착용하면 위생적인 것은 물론, 수유를 할 때도 편리하다.
수유 쿠션	1개	수유 자세를 잡는 데 도움을 준다. 최근에는 넓은 D자형 수유쿠션이 인기가 많다. 산후조리원에서 사은품으로 주는 경우도 있으니 예약해둔 조리원에 미리 문의해볼 것.

3) 침구

• 이불 · 요 세트 (1개)

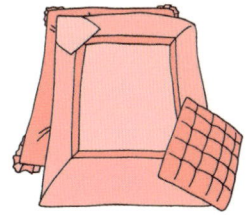

아기가 엎드려 자다가 질식할 위험이 있으므로 요는 너무 푹신하지 않은 것으로 고른다. 이불은 가볍고 보온이 잘 되는 것으로 선택한다.

• 베개 (1~2개)

아기 머리의 열을 식혀주기 위해 메밀이 들어간 좁쌀 베개를 이용한다.

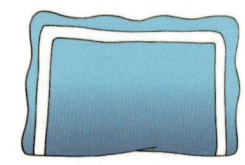

• 속싸개 (1~2개)

오랫동안 엄마 뱃속에 있었던 아기는 온몸을 약간 압박하듯 감싸주어야 안정감을 느끼므로 순면으로 된 속싸개를 준비한다.

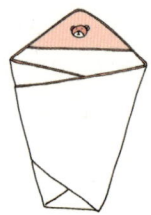

• 겉싸개 · 보낭 (1개)

아기를 감싸주는 보온용 싸개로 여름철에는 겉싸개, 겨울철에는 보낭을 준비한다.

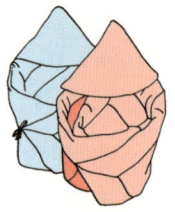

아기용품	수량	꼼꼼하게 체크하기
아기 침대	1개	아기의 안전과 보호를 위해 침대는 옆면에 펜스가 있는 제품으로 고른다. 높은 가격을 주고 샀지만 막상 사용하지 않는다고 말하는 엄마들도 많으니 충분히 고민한 뒤 구입해야 한다. 아기를 눕히고 안을 때 앉았다 일어나지 않아도 되기 때문에 허리나 무릎에 부담이 덜 간다는 장점이 있다.
방수요	1~2개	아기의 대소변으로 인해 요가 더러워지는 것을 방지한다. 기저귀를 갈거나 목욕할 때 깔개로 사용하면 편리하다.
슬링	1개	목을 가눌 수 없는 신생아는 슬링을 이용해 안아준다. 외출시에 편안한 것은 물론, 수유할 때도 사용할 수 있어 일석이조다.

속싸개 싸기 Tip	
속싸개를 아기 몸길이에 맞춰 역삼각형으로 접은 다음 어깨선을 삼각형 밑변에 맞춰 아기를 눕힌다.	속싸개의 왼쪽 모서리로 아기의 오른쪽 어깨와 허리를 감싸면서 등 뒤쪽으로 넘긴다.
속싸개의 아래쪽 모서리를 위로 접어 올린다.	속싸개의 오른쪽 모서리로 아이 가슴을 덮으며 왼쪽으로 넘긴다. 모서리를 아랫부분에 단단히 끼워 넣어 마무리 한다.

4) 목욕 · 위생 용품

• 욕조 (1개)

너무 깊지 않으며 폭이 약간 넓은 것이 좋다. 혼자 아기를 목욕시킬 경우를 대비해 목욕 그네를 구입하기도 한다.

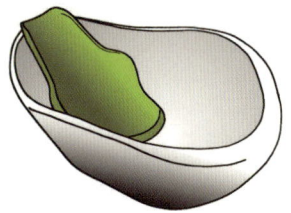

• 가제 손수건 (20~30개)

가제 손수건은 아기용품을 살 때 사은품으로 받는 경우가 많으니 한 번에 너무 많이 구입하지 않는 것이 좋다. 아기 얼굴과 손 등을 닦을 때 사용되므로 잘 세탁해서 준비한다.

• 손톱가위 (1개)

신생아 때는 손톱이 잘 자라는데, 자주 잘라주지 않으면 얼굴을 손톱으로 긁어 상처를 낼 수 있다.

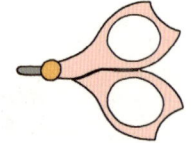

• 체온계 (1개)

아기의 건강 상태를 체크하기 위해 반드시 필요하다.

아기용품	수량	꼼꼼하게 체크하기
목욕 수건	1개	민감한 피부에 닿으므로 부드러운 제품으로 준비한다. 아이 몸 전체를 감쌀 수 있도록 커다란 것이 좋다.
목욕용 스펀지	1개	신생아 때는 가제 손수건으로 닦아주면 되지만, 아기가 좀더 자라면 자극이 적은 스펀지를 사용한다.
베이비 샴푸	1개	자극이 없고 향이 강하지 않은 아기 전용 제품을 사용한다.
베이비 비누	1개	
베이비 로션	1개	
베이비 오일	1개	

아기용 면봉	1통	목욕 후 코나 귀의 물기를 닦아내는 데 필요하다.
물티슈	3개	아기의 기저귀를 갈 때 등 다양한 용도로 사용되므로 아기 전용 제품으로 충분히 준비한다.
기저귀 발진크림	1개	젖은 기저귀를 빨리 갈아주지 않으면 발진이 생길 수 있다. 이때 아기의 피부 진정에 도움을 주는 크림을 사용하기도 한다. 아기는 피부가 얇고 면역력이 약하기 때문에 자극이 적은 아기전용 제품을 이용해야 한다. 영유아 땀띠 등 피부 트러블을 진정시키는 데에도 사용 가능하다.
핀셋	1개	아기의 코가 막힐 경우 콧속 이물질을 제거해주기 위해 핀셋을 이용한다. 끝이 날카롭지 않은 유아용 핀셋을 사용한다.

'골라골라' 똑똑한 아기용품

이제는 육아도 스마트 시대다. 지금 이 순간에도 엄마들의 욕구를 정확히 저격하는 핫한 육아용품이 개발되고 있다. 똑똑한 육아를 돕는 이색적인 아기용품들을 잘 이용한다면 힘든 육아의 길, '비단길'은 아니더라도 '가시밭길'은 피할 수 있다!

베이비 모니터 (10~20만원대)	엄마가 힝싱 아기 옆에 있을 수는 없으므로 요즘은 다른 장소에서도 아기를 들여다 볼 수 있는 베이비 모니터를 준비하기도 한다. 높은 가격이 부담스럽다면 인터넷 사이트를 통해 대여하는 방법도 있다. 스마트폰 어플리케이션으로 출시된 상품도 있으니 참고할 것.

	마더스 로렐라이 접이식 아기욕조 (6~7만원대)	목욕물이 37도 이상 되면 배수구 실리콘 색상이 하얀색으로 변하는 제품으로, 탕온계 없이도 적당한 온도를 알 수 있다. 접이식이라 수납도 간편하다.
	브라더맥스 열 감지 이유식 스푼 (8,000원)	아기에게 뜨거운 음식이 위험할 수 있기 때문에 뜨거우면 색이 변하는 열 감지 스푼을 사용하기도 한다.
	Kair 아기 샴푸캡 (1만원 이하 ~2만원대)	아기의 머리를 감길 때 거품이 얼굴로 내려오지 않도록 막아주는 역할을 한다.
	러브팟 친환경 종이 가습기 (1~2만원대)	말도 많고 탈도 많은 가습기! 이제 아기에게도 안전한 종이가습기를 이용해 실내 습도를 조절해주자.

달인의 DIY 아기용품 노하우~

최근에는 아기가 사용할 물건을 손수 만드는 슈퍼맘들이 늘어나는 추세다. 정성이 가득한 DIY 용품은 의미도 있을 뿐더러, 내 손으로 직접 만들기 때문에 안심할 수 있어 일석이조! 요즘은 유기농 원단을 이용한 배냇저고리, 손싸개, 신발, 턱받이, 인형, 장난감, 모빌, 초점 책, 짱구베개 등 그 종류도 다양해졌다.

  손재주가 없거나, 재료를 구하기 힘들까봐 걱정하지 않아도 된다. 마음만 먹으면 인터넷을 통해 셀프 아기용품 재료를 간단히 구할 수 있으니 말이다. 또한 예비부모를 위한 DIY 교실이나, 아기용품 제작을 배울 수 있는 공방도 주변에서 쉽게 찾아볼 수 있다. 그러니 겁먹지 말고 지금 당장 비용은 줄이고, 개성은 살리는 DIY 아기용품에 도전해보시길!

1) 휴대용 아기 침대

  지난 9월, 〈엄마의 탄생〉에서는 염경환, 염은률 부자가 늦둥이 아기 '꼬물이'를 위해 직접 아기 침대를 만드는 과정이 공개돼 예비 부모의 눈을 사로잡았다. 하지만 곧 태어날 아기를 위해 한푼이라도 더 벌어야 하는 시점에 목공소에 들러 침대를 만들자니 시간과 비용 부담이 되는 것도 사실! 그렇다면 우리는 휴대용 아기 침대를 만들어보는 건 어떨까? '보트침대' '땅콩침대'라고도 불리는 휴대용 아기 침대는 간단한 재료로 집에서도 쉽게 만들 수 있다.(상세 설명 000p)

2) 배냇저고리

  배냇저고리는 명불허전 'DIY 아기용품의 정석'으로 불린다. 아기가 태어나서 처음으로 입는 옷인 만큼 엄마의 정성을 담아 직접 만들어주겠다는 게 대세 중의 대세! 두 달 후면 만나게 될 아기에게 엄마의 사랑이 가득 담긴 배냇저고리를 선물해보자.(상세 설명 000p)

1등 엄마는 인테리어부터 다르다!

임신 8개월, 우리 아기에게 처음으로 선물할 방을 준비할 차례다. 만삭이 되면 걸레질을 하거나 물건을 옮기기가 힘들기 때문에 지금이 최적의 시기다. 아기 방을 따로 준비할 여건이 되지 않는다고 걱정할 필요는 없다. 부부의 방에 작은 공간을 내어 아기가 편하게 지낼 수 있는 자리를 마련하는 것도 결국 같은 일이니까 말이다. 최근에는 좁은 방을 아기 방으로 꾸미는 경우가 늘어나면서, '좁은 방 넓게 쓰기' 인테리어 정보를 공유하는 이들이 늘고 있다. 하지만 뭐니뭐니 해도 아기방을 꾸밀 때 가장 중요한 건 '아기와 산모의 건강을 지킬 수 있는 인테리어'라는 점을 꼭 기억하자!

꼼꼼! 아기방 체크 포인트

〈엄마의 탄생〉에서는 강원래·김송 부부, 임호·윤정희 부부가 출산을 앞두고 아기 방 꾸미는 모습이 공개됐다. 그동안 까칠 대마왕으로 알려졌던 강원래는 김송을 위해 아내가 좋아하는 부엉이 전등은 물론, 아내가 편하게 수유할 수 있도록 수유 의자와 수유등을 준비해 다른 예비 엄마들을 부럽게 했다. 이 시대의 로맨티스트 임호는 대한민국 대표 다둥이 아빠답게 푹신한 매트리스를 깔고, 장난감 정리 서랍을 준비하는 등 아이들이 뛰어놀 수 있는 환경을 만드는 데 초점을 맞췄다. 하지만 어떤 콘셉트를 준비하든, 아기 방 꾸미기에는 꼭 지켜야 할 몇 가지 규칙이 있다.

1. 산모와 아기가 지내는 방의 온도는 20~22°C 정도가 적당하다.

아기들은 체온 조절 능력이 떨어지고, 감기에 대한 면역력도 약하기 때문에 보온에 신경을 써야 한다. 반대로 온도가 너무 높으면 아기가 보채거나 땀띠가 발생하기도 한다. 그러므로 아기 방 온도를 20~22°C로 일정하게 유지한다.

2. 실내 습도는 50~60%를 유지한다.

면역력이 약한 신생아들은 습도가 낮은 경우 감기에 걸리거나 코가 막힐 수 있다. 따라서 가습기를 사용해 50~60%의 실내 습도를 유지하도록 한다.

3. 아기 침대를 살 때는 매트리스가 단단한 것으로 구입한다.

아기의 안전을 위해 요나 이불은 너무 푹신하지 않은 것으로 골라야 한다. 아기를 편하게 재우겠다고 푹신한 침구에 눕히면 이불에 코가 파

묻혀 질식할 위험이 있다.

4. 침대 매트는 방수가 되는 것으로 고르고, 시트도 여러 장 준비한다.
기저귀를 하더라도 배설물이 바깥으로 새어나올 가능성이 있기 때문에 미리 여러 장 준비하는 것이 좋다.

우리 아기 보금자리

① 친환경 페인트: 인체에 유해한 성분과 냄새가 거의 없어 아토피 피부염과 천식 등 알레르기 질환 유발 가능성이 적다.

② 아기 침대: 아기용 침대는 안정성과 보온을 위해 옆면에 펜스가 있는 제품이 좋다.

③ 방수 커버: 아기의 대소변으로 인해 요가 더러워지는 것을 방지해준다.

④ 기저귀 교환대: 기저귀 교환대는 보통 기저귀 서랍이나 아기 옷장 위에 달려 있는 경우가 많다. 바퀴가 달린 제품을 사용하면 아기를 화장실까지 데려가기 쉽다.

⑤ 기저귀 휴지통: 이유식을 시작하면 변 냄새가 많이 나기 때문에 냄새가 잘 새지 않는 것으로 준비한다.

⑥ 수유의자: 모유수유를 한다면 도움이 된다. 팔걸이가 있어 수유 자세를 잡기 편한 것으로 고른다.

⑦ 온습도계: 방의 온도와 습도는 아기 건강에 중요한 영향을 미치므로 구비해둔다.

⑧ 짱구 베개: 머리가 닿는 부분이 오목하게 되어 있어 머리 모양을 예쁘게 만들어준다.

⑨ 모빌: 아기는 초점거리가 짧기 때문에 아기 눈에서 20~35cm 떨어진 곳에 모빌을 달아주는 것이 좋다. 태엽을 감으면 소리가 나면서 돌아가는 타입도 있고, 건전지로 작동하는 타입도 있으니 비용 및 취향을 고

려해 마련할 것. 엄마가 손수 만들어주는 것도 의미 있다.

⑩ 카펫: 아기가 놀다가 넘어질 경우를 대비해 부드러운 카펫을 깔아준다. 놀이매트나 범퍼침대로 대체 가능하다.

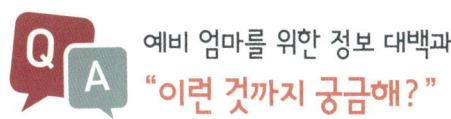

예비 엄마를 위한 정보 대백과
"이런 것까지 궁금해?"

Q 임신 중 도배나 페인트칠을 해도 괜찮을까요?

A 임신부가 어지럼증을 느낄 정도로 냄새가 자극적이지 않다면 괜찮다. 단, 작업 후에는 공기 중의 유해물질이 바깥으로 배출될 수 있도록 환기를 잘 시켜줘야 한다. 최근에는 아기 방을 위한 친환경, 무독성 제품들도 있으니 참고할 것.

Q 임신 중에 불가마 찜질방에 가도 될까요?

A 임신 중이라면 찜질방은 가지 않는 것이 좋다. 찜질방의 높은 온도로 인해 양수가 뜨거워지면서 태아의 뇌에 안 좋은 영향을 끼칠 수 있기 때문이다. 여러 사람이 함께 사용하는 공간이기 때문에 위생적으로도 좋지 않다. 또 한 가지 찜질방에 가면 시원한 음료를 찾게 되는데, 찜질방 대표 음료 '식혜'에는 젖을 말리는 성분이 들어 있으므로 모유수유를 계획하고 있다면 임신 후기에는 피하는 것이 좋다.

Q 임신 8개월인데도 가슴이 안 커져요. 유선 발달이 안 되고 있는 걸까요?

A 간혹 임신 후에도 가슴이 커지지 않아 모유수유를 할 수 없을까봐 걱정하는 임신부가 있다. 하지만 가슴의 크기와 모유의 분비량은 그다지 상관이 없으므로 가슴이 작더라도 걱정하지 않아도 된다. 가슴이 작아도 아기가 젖을 빨게 되면 충분한 양의 모유가 만들어진다. 모유수유를 앞두고 있다면 가슴의 '크기'보다는 '모양'에 주의해야 한다. 유두가 튀어나오지 않은 편평유두나 함몰유두의 경우 아기가 젖을 빨기가 어려우므로 교정기나 마사지를 통해 교정을 하는 것이 좋다.

Q 똑바로 누워서 자면 정말로 아기한테 산소공급이 안 되나요?

A 임신 중 똑바로 누워서 자면 무거워진 자궁이 혈관을 눌러서 아기에게 산소 공급이 원활히 이루어지지 않는다는 얘기가 있다. 혈액을 공급하는 혈관이 오른쪽에 있기 때문에 왼쪽으로 누워서 자는 것이 태아 건강에 좋다는 것이 일반적인 정설. 하지만 '엄마에게 편한 자세'가 가장 좋은 자세이다. 불편함을 견디면서 굳이 왼쪽으로 자야 한다는 부담을 갖지 말 것. 다리 밑에 베개나 바디 필로우를 끼고 자보는 것도 좋다.

Q 임신 중 비데 사용해도 괜찮나요?

A 임신부가 항문질환을 방치하면 조산이나 유산의 위험성이 높아진다. 특히 항문 주위의 잔주름 속에 있는 세균과 변분은 치질이나 질

염의 원인이 되기 때문에, 비데를 사용해 청결함을 유지하는 것이 좋다. 단, 비데 필터를 깔끔히 소독하고, 자궁 입구에 무리가 가지 않도록 수압을 조절해 사용한다.

Q 막달이 거의 다 됐는데 배가 많이 안 불렀어요. 배가 작으면 아기도 작나요?

A 가끔 배가 작아서 '사람들이 임신한 줄 모른다'고 말하는 임신부도 있다. 배가 안 나오면 좋은 것 아니냐고? 그들도 나름대로 '배가 작으면 아기도 작은 게 아닐지' '양수가 부족한 건 아닌지' '자궁이 아기에게 좁진 않을지' 걱정이 이만저만이 아니다. 하지만 배가 작다고 해서 꼭 문제가 있는 것은 아니다. 배 크기는 작았지만 태아가 평균보다 크게 나왔다는 경험담도 적지 않다는 사실! 배가 나오는 정도와 시기는 여성마다 차이가 있다. 또한 배가 작아도 태아가 안정된 자세로만 있다면 불편하지 않으니 미리 걱정하지 말고, 정확한 검진을 받아보도록 하자.

Q 임신 중에 플러그를 꽂다가 손에 전기가 찌릿 했어요. 아기한테 문제가 없을까요?

A 아기는 보호막으로 감싸져 있기 때문에 잠깐 찌릿 했다고 해서 큰 문제가 생기는 것은 아니지만 주의할 필요는 있다. 특히 임신 초기라면 더욱 조심하자. 전기뿐만 아니라 전자파도 주의해야 한다. 임신 중 휴대전화나 가전제품을 과도하게 사용하는 것은 삼가는 것이 좋다.

Q 임신 이후 피부가 착색됐어요. 출산 후에 없어지겠죠?

A 임신으로 인한 피부 트러블은 엄마들 최고의 고민거리다. 특히 배, 가슴, 겨드랑이, 허벅지, 종아리 뒷부분 등이 검게 착색되면 여성들의 스트레스는 극에 달한다. 이는 임신으로 인한 호르몬의 변화 때문에 일어나는 현상으로, 대개 출산 후 어느 정도 시간이 지나면 나아진다. 피부 착색을 예방하기 위해서는 임신 중에도 피부가 건조해지지 않도록 주의하고, 햇빛에 피부를 과하게 노출시키지 않는 것이 좋다. 착색의 정도가 심하거나, 출산 후에도 오랫동안 사라지지 않으면 전문가에게 문의해볼 것.

Q 임신 중 핫요가 해도 괜찮을까요?

A 보통 임신 4개월 이후부터는 가벼운 운동을 하라고 추천한다. 하지만 '핫요가'는 삼가는 것이 좋다. 무리한 요가 동작과 높은 실내온도는 태아 발달에 중대한 영향을 줄 수 있기 때문이다. 임신 중에 뜨거운 곳에서 과도하게 움직이면 혈관이 확장되고, 신경이 이완되면서 현기증이 생길 수 있어 위험하다. 또한 임산부의 체온이 38.9도 이상 올라가면 태아에게 중추신경계 이상, 식도폐쇄증, 배꼽탈장 등이 나타날 수 있다는 보고도 있다. 요가가 하고 싶다면 '임산부 전용 요가'를 찾아보자.

Q 임신 8개월, 밤낮이 바뀌어서 생활 중이에요. 그래서인지 밤에 태동도 심하고요. 나중에 아기도 밤낮이 바뀌면 어쩌죠?

A 임신 중 무거워진 몸과 호르몬 변화로 불면증을 호소하는 여성들이 많다. 이렇게 수면장애를 겪는 이들은 혹시 자신의 수면패턴이 나중에 아기에게 그대로 이어지지 않을까 걱정하기도 한다. 하지만 엄마의 수면패턴이 곧바로 아기에게 영향을 주지는 않는다. 신생아들은 하루에 거의 18~22시간을 자기 때문에, 그 이후의 수면교육이 중요하다 하지만 임신부는 하루에 8~9시간 정도 자는 것이 엄마와 아기 모두에게 좋다고 하니 최대한 규칙적인 생활리듬을 찾도록 노력하자.

9개월

드디어 아기의 탄생과 함께 엄마 그리고 아빠가 탄생하는 순간! 오래 기다린 만큼 막달은 설렘과 함께 조바심이나 두려움 등 만감이 교차하게 된다. 우리 아기는 언제 나올까? 나올 때는 얼마나 아플까? 아기가 나올 때 내 몸에는 어떤 변화가 생길까? 끝없는 궁금증에 인터넷을 검색하고 또 검색해보지만 사실 개인차가 심하고 예측이 어려운 부분들이 많다.

일단 예비 부모들이 가장 궁금해하는 것은 아기가 나오는 시기다. 배가 내려와야 나오는 것인가? 이슬이 비쳤는데 지금 분만실로 직행해야 하는 것인가? 양수가 새는 것 같은데 이것이 아기가 나온다는 신호인가? 9장에서는 아무도 알려주지 않는, 분만실에서 실제로 일어나는 일들을 정리해보았다. 출산 징후에 대해서도 열심히 예습해놓으면 당황하지 않고 침착하게 대응할 수 있다. 실제로 아기를 낳으면서 생기는 몸의 변화와 분만실 상황을 미리 알아두면 막판 출산 준비는 끝! 이제 아기를 맞이할 마음의 준비만 하면 된다.

아기의 탄생, 엄마의 탄생!

> 헉 나 지금 진통 오는 것 같아

진짜 진통? 가진통?

> 진통이면 진통이지 가진통은 또 뭐야ㅜㅜ

규칙적이야?

> 몰라 그냥 아파 패닉 상태야

일단 마음의 안정을 취하고 진통 간격을 기록해봐

> 알았어 나도 드디어 엄마가 되나보다 지금 재보고 있는데 시간은 들쑥날쑥 하네

그러면 아직 병원에 가볼 필요는 없음! 저러다가 그칠 수도 있으니까 그리고 진짜 진통이면 점점 더 아파져

> 나 며칠 전에 이슬 비쳐서 곧바로 나올 줄 알았는데 꼭 그렇지만도 않은가 보네

맞아맞아 그래도 출산이 임박했다는 신호니까 마음의 준비 단단히!

> 가진통이었나 봄 이제 좀 덜 아프네

이걸 다행이라고 해야 하나ㅎㅎ 아무튼 가진통이 오면 빠르면 곧 진짜 진통 오니까 조금 기다려보자고~

> 오케이~ 아 이제 실감 나네 정말 떨리기 시작한다!

이달의 아기는?

키 약 42~47cm
몸무게 2.6kg 전후

9개월에는 아기의 내장이나 신경 등이 이미 완성된 상태고 피하지방이 증가하면서 살이 통통하게 오르기 시작한다. 얼굴 표정이 발달해 웃는 모습이나 화내는 모습 등을 관찰할 수 있다. 세상에 나올 준비를 하면서 엄마에게 항체를 받아 면역력이 발달하게 되고 규칙적인 수면 패턴이 생기기 시작한다.

이달의 엄마는?

엄마의 몸은 본격적으로 출산 준비에 돌입한다. 가진통이 잦아지고 자궁내막이 얇아지며 이슬이 비치기도 한다. 배가 많이 불러 있기 때문에 숙면을 취하기 점점 어려워지고 입맛이 떨어지기도 한다. 아기가 언제 나올지, 어떻게 나올지 전혀 알 수 없기 때문에 두려움과 우울감을 경험한다. 마음의 여유를 가지고 출산에 대한 막연한 두려움을 해소하는 것이 중요하다. 이제 조금 있으면 아기와 만날 수 있다!

출산이 임박했다는 신호

드디어 9개월의 긴 기다림에 종지부를 찍을 시간, 출산! 하지만 처음인 경우는 물론이지만 두 번째 세 번째 분만이라도 아기가 언제 나올지 예측하기는 힘들다. 출산 조짐이 무엇인지 미리 알아두면 당황하지 않고 대처할 수 있다. 단, 개인차가 있기 때문에 이상 징후가 보이거나 불안하면 반드시 의사나 조산사와 상의를 해야 한다!

1) 호흡이 편안해진다

출산 몇 주 전부터 호흡이 편안해지는 것을 느낄 수 있다. 이는 아기가 골반으로 내려왔다는 뜻이다. 폐를 압박하고 있던 아기가 출산을 위해 아래로 내려오면서 숨을 쉬기가 훨씬 수월해진다. 특히 초산인 경우 이런 편안함을 훨씬 예민하게 느낄 수 있다. 경산인 경우 대개 출산이 임박해야 아기가 내려오기 때문에 이런 변화를 느끼지 못할 수 있다.

2) 소변을 보는 횟수가 잦아진다

아기가 골반으로 내려가면서 호흡은 편안해지지만 이번에는 방광을 압박하기 때문에 임신 초기에 그랬듯이 자주 화장실에 가게 된다. 이때 화장실 가기가 귀찮다고 해서 수분 섭취를 제한하면 안 된다. 수분 공급에 유의하자.

3) 설사를 자주 한다

출산이 임박하면 자궁경부를 부드럽게 만들어 확장시키고 자궁을 수축시키는 프로스타글란딘이라는 호르몬과 유사한 물질이 분비된다. 프로스타글란딘이 배변 활동을 촉진해 설사를 자주 하게 되기도 한다. 이런 잦은 배변을 아기의 수월한 탄생을 위한 자연 관장으로 보는 의사도 많다. 이 과정에서 메스꺼움도 동반할 수 있다고 하니 예비 엄마들은 참고하자.

4) 등이 아프다

진통은 일반적으로 등의 하부에서 시작해서 아랫배로 진행된다. 실제로 임신 여성의 3분의 1 이상이 등의 통증부터 느낀다는 연구 결과도 있다. 등이 아프기 시작하면 아기가 나올 시기가 다가왔다고 생각하면 된다. 특히 임신 기간 내내 등의 뻐근함으로 고생해온 경우라면, 평소보다 통증이 심해지는지 잘 관찰해야 한다. 단, 첫 출산인 경우 등이 아픈 것을 심하게 느끼지 않을 수도 있다.

5) 체중이 증가하지 않는다

급격하게 증가하던 체중이 더 이상 증가하지 않거나 심지어 경우에 따라 줄어들기도 한다. 개인차는 있어, 어떤 이들은 분만 직전까지도 체중이 증가한다고 하소연하기도 한다. 하지만 대체로 양수량이 조금씩 감소하고 자연 관장이 시작되면서 체중 증가가 정체된다. 아기는 무럭무럭 잘 자라고 있으니 걱정할 필요는 없다.

6) 이슬이 비친다

임신 기간 동안에는 외부 감염으로부터 아기를 보호하기 위해 점액이 자궁 입구를 막고 있다. 출산이 임박해 자궁경부가 확장되기 시작하면서 점액이 빠져나오는데 이를 '이슬이 비친다'고 표현한다. 이슬이 비친 뒤 이르면 하루 이내로, 늦으면 수일 후에 아기가 태어나게 된다. 자세히 관찰하지 않으면 점액이 나오는 것을 의식하지 못하고 넘어갈 수도 있다. 이슬은 갈색이나 분홍빛 혈액을 동반하기도 하는데 자궁경부가 확장돼 혈관이 찢어져서 혈액이 섞여 나오는 것이므로 걱정할 필요는 없다. 다만 선홍빛 피가 많이 나오면 반드시 전문가에게 문의해야 한다.

7) 진통이 강해지고 횟수가 증가한다

자궁의 수축으로 등의 하부에서 시작된 진통이 점차 하복부까지 퍼지기 시작한다. 가진통은 수축 간격이 불규칙하며, 수축 간격도 줄어들지 않는다. 안정을 취하면 완화되는 경우가 많다. 하지만 ① 진통 간격이 규칙적으로 줄어들고 ② 진통이 완화되지 않으면 출산이 임박한 것으로 볼 수 있다. 대체로 30초에서 60초 정도 이어지는 진통이 20분 간격으로 계속되다가 점차 5분 간격으로 일어난다. 일반적으로 전문가들은 진통이 5~10분 간격으로 느껴질 때 병원이나 조산원을 찾으라고 권장한다. 하지만 이때도 개인차가 있기 때문에, 진통이 시작되면 반드시 담당의에게 문의하도록 한다.

> **가진통과 진통의 차이?**
> 1 가진통은 규칙적이지 않지만 진통은 규칙적이거나 간격이 줄어든다.
> 2 몸을 많이 움직였을 때 통증이 사라지면 가진통, 사라지지 않으면 진통이다.
> 3 자세를 바꾸어도 통증이 사라지지 않으면 진통이다.
> 4 허기지거나 탈수 증상이 있을 때 가진통이 올 수 있다. 음식과 수분 섭취를 한 뒤에 통증이 완화되면 가진통이다.
> 5 어떤 이유로든 완화되면 그건 가진통이다. 진통은 점점 심해진다.
> 6 등에서 시작되어 하복부로 통증이 이동하면 진통이다.

8) 양수가 흐른다

드라마나 영화에서 주인공이 밥을 먹거나 청소를 하다가 갑자기 양수가 터져 병원에 실려가는 장면을 종종 볼 수 있다. 하지만 실제로 신통을 겪기 전에 양수막이 터지는 산모는 10명 중 1~2명에 불과하다. 그리고 극적으로 '팡' 하고 터지기보다는 조금씩 새는 경우가 많다. 아기가 머리로 양수가 과도하게 흐르는 것을 막고 있기 때문이다. 양수막이 터졌을 때, 특히 양수가 갈색이나 녹색을 띠면 태변(태아의 변)이 나온 것일 수 있으니 주저하지 말고 전문가에게 연락해야 한다. 태아가 태변을 먹게 되면 매우 위험할 수 있다.

양수는 흔히 밤이나 새벽녘에 흐르는 경우가 많지만 이 역시 사람마다 달라 예측하기 힘들다. 양수가 흐르기 시작하면 80% 정도는 12시간 내로 출산을 하게 된다. 출산이 진행되지 않으면 양수의 보호를 받지 못하는 아기가 세균에 감염될 가능성이 높으므로 유도분만을 시도한다.

양수의 형태는?

1 팬티라이너 정도로는 흡수시킬 수 없는 양.
2 소변 냄새가 나지 않는다(실제로 소변을 양수로 착각하는 산모들이 종종 있다).
3 흐르는 것을 자의적으로 멈추거나 조절할 수 없다.
4 지속적으로 흐른다.
5 투명하거나 분홍빛을 띠고 있다.

위급상황! 언제 의사나 조산사에게 연락을 해야 할까요?

밤늦게 의사에게 전화하기 겸연쩍고 별일 아닌 걸로 호들갑 떠는 게 아닐까 걱정되더라도 산모와 아기의 건강이 우선! 전문가들은 아래와 같은 경우 곧바로 연락하기를 권장한다.

1 37주 전에 진통이 올 때.
2 양수가 샐 때.
3 양수가 갈색이나 녹색을 띨 때.
4 이슬에 섞여 나오는 혈액량이 많고 선홍빛을 띨 때.
5 태동이 느껴지지 않을 때.
6 열이 있거나 극심한 복통이 지속될 때.
7 시야가 흐려지는 등 임신성 고혈압과 관련된 증상이 보일 때.

아무도 알려주지 않는,
분만실에서 진짜로 생기는 일

출산은 내 인생을 송두리째 흔들어놓을 중대한 일인데 어떻게 진행될지 예측할 수 없으니 예비 엄마들이 불안한 것은 당연하다. 특히 막달이 되어서는 아기를 만날 설렘은 뒷전이고, 출산에 대한 공포로 하루에도 수십 번씩 인터넷을 뒤지며 다른 사람들의 출산 무용담을 찾아보기 일쑤다. 하지만 충분한 선행 학습에도 불구하고 출산할 때 어떤 일이 생기는지 낱낱이 알기란 어렵다. 분만실에서는 도대체 어떤 일이 벌어지는 것일까?

1) 분만실에 발도 못 들일 수 있다

초산인 경우 진통이 와서 병원에 찾아가더라도 돌아가야 하는 경우가 많다. 진통 간격이 규칙적이더라도 그렇다. 자궁 문이 열리지 않았기 때문이다. '신(神)의 자궁'을 가져 일사천리로 출산이 진행되지 않는 이상 초산일 때 더디 진행된다. 민망하거나 실망스러울 수도 있지만 사실 낯선 병원보다는 집에서 기다리는 게 훨씬 편안할 수 있다. 집에서 가볍게 걸어 다니면서 출산에 속도를 붙이자.

2) 의사가 없다

많은 산모들은 처음부터 의사의 손을 잡고 진통하게 되리라 생각한다. 조산사의 경우 의사보다 많은 시간을 함께 하지만, 일반적으로 병원에서 의사들은 최종적으로 출산할 때나 내진을 할 때 들를 뿐이다. 진통하는 그 시각에 다른 산모의 출산을 돕고 있는 경우가 많기 때문이다. 의사가 나타나면 이제 아기가 곧 나온다고 생각하면 된다. 힘겹게 진통을 하다가 의사가 나타나면 후광이 보인다고 증언하는 이가 있을 정도이다.

3) 처음 보는 얼굴이 많다

의사는 없지만 홀로 남겨지는 것은 아니다. 처음 보는 간호사들을 비롯한 의료진들이 체크하러 수시로 들락날락한다. 병원마다 다르지만 처음 보는 사람 앞에서 밑이 훤히 뚫린 가운을 입은 채로 다리를 벌리고 힘을 주어야 하는 상황에 당황스러워하는 이들도 많다. 좋게 생각하면 수많은 전문가들이 옆에서 보살펴주고 있는 것! 어차피 진통이 심해지면 누가 누군지 구분할 여력도 없다.

또 한 가지! 분만 대기실이나 분만실은 생각보다 긴박하지 않다. 진통을 겪고 있는 산모만 사지를 오가는 느낌이지, 다년간 분만실에서 근무해온 전문가들은 여유롭다. 출산에 임박해도 TV에서처럼 숨을 헐떡이며 달려가는 의료진은 거의 없다. 간혹 의료진이 태연히 수다를 떠는 모습에 화가 치밀어 오른다는 산모들도 있지만, 사실 그들이 여유롭다는 것은 분만이 정상적으로 진행되고 있다는 뜻이다. 의료진이 지나치게 분주하고 긴장감이 넘치면 오히려 산모가 심리적 안정을 취하는 데 방해가 될 수도 있으니, 이런 여유를 원망스럽게 보지 말자.

4) 출산 준비 3종 세트

출산을 하러 병원에 간 여성들은 공통적으로 세 가지 '처치'를 받는다. 어떤 이들은 이 과정이 출산 자체보다 꺼려졌다며 '굴욕 3종 세트'라 부르기도 한다.

첫째는 제모. 자연분만이든, 수술이든 피할 수 없는 것이 중요한 부위(?)의 털을 깎는 것이다(병원에 따라 제모제를 사용하기도 한다). 이는 위생상 필요한 작업으로 주치의의 판단에 따라 전체 제모를 할 수도 있고 부분 제모를 할 수도 있으며, 응급한 상황에서는 생략할 수도 있다.

둘째는 관장. 며칠 전부터 설사로 자연 관장을 했다고는 하지만 태아가 나오면서 엄마의 직장을 자극해 변을 볼 수도 있다. 하지만 이 단계 역시 응급한 상황에서는 주치의의 판단에 따라 생략할 수도 있다.

셋째는 내진. 자연분만인 경우 태아와 산모의 상태를 확인하기 위해 수시로 내진을 하게 된다. 의사가 직접 질 안으로 손가락을 넣기 때문에 아프기도 하고, 굴욕적으로 느껴지기도 한다. 하지만 자궁 문이 얼마나 열렸는지는 초음파나 육안으로 판단할 수 없으며, 자궁 문이 열린 정도에 따라 무통주사를 맞기도 하니 어지간해서는 피할 수 없다. 경우에 따라 내진 이후 진통이 촉진되면서 출산이 더 빠르게 진행되기도 하니 너무 거부감을 가질 필요는 없다.

> **무통 분만이란?**
> 1 분만 중에 의식을 유지하면서 마취제로 통증을 경감시키는 시술을 의미한다.
> 2 일반적으로 자궁경부가 4~5cm 열린 후에 주입한다.
> 3 옆으로 누워서 척추에 맞거나 앉아서 맞는다.
> 4 시술 시간은 10분 정도다.
> 5 저혈압, 혈액응고 장애, 대동맥 협착증 등을 앓고 있으면 무통 분만을 할 수 없다.
> 6 간혹 하체에 힘을 주지 못해 분만이 지연되는 경우도 있다.
> 7 무통 시술 후에는 움직이기 어려우니 그 전에 화장실을 다녀오자!

5) 구토와 트림이 끊이질 않는다

간혹 구토와 트림을 계속 하는 산모가 있는데, 이 역시 자연스러운 현상이니 걱정할 필요 없다. 생각해보면 진통으로 배에 지속적인 압박이 가해지는데 구토를 안 하는 것이 도리어 이상한 일이다. 어떤 분만실은 구토를 받아내는 통을 준비해두기도 한다. 속을 게워낸다고 해서 아기에게 이상이 있는 것은 아니니 걱정하지 말자.

6) 온몸이 떨린다

출산 때 분비되는 호르몬의 강한 작용으로 자궁 문이 벌어지면서 온몸에 경련이 일거나 부들부들 떠는 경우가 있다. 오한이나 경련 역시 출산 중 생길 수 있는 자연스러운 현상이다. 단, 병원 실내 온도 때문에 추워서 몸을 떠는 것이라면 주변의 의료진에게 반드시 문의하자.

7) 힘줄 때 아기만 나오는 게 아니다

힘줄 때 아기만 나올까? 충격적이겠지만 변도 같이 나오는 경우가 부지기수다. 관장을 했다고 해도 시간이 지남에 따라 다시 몸에 변이 쌓일 수 있기 때문. 출산하면서 힘을 줄 때 쓰는 근육이 사실 대변을 볼 때 힘을 주는 근육과 동일하므로, 좋게 생각하면 힘을 제대로 잘 주었다는 뜻이기도 하다. 분만실에서는 흔히 있는 일이니 설사 실례를 했다고 해도 너무 부끄러워할 필요는 없다.

8) 출산만 하면 기적적으로 고통이 사라진다? NO!

아기를 낳으면 단숨에 고통이 사라지리라는 생각은 오산. 후진통 단계가 남아 있다. 이는 태아를 감싸고 있던 태반을 추출해내는 과정에서 생기는 진통이다. 하지만 출산할 때보다 훨씬 덜 아프고 아기를 보고 난 다음에는 벅찬 감동 때문에 후진통을 느끼지 못한다는 산모도 많으니 크게 걱정할 필요는 없다. 단, 경산부는 훗배앓이를 더 아파하기도 한다.

9) 출산 후 아기는 엄마 볼 여유 없이 바쁘다

출산 후 아기와 오랫동안 눈물겨운 교감을 하는 것은 CF에서나 있는 일이다. 잠시 산모에게 안겨주기도 하지만 아기는 태어나자마자 엄마 품에 있을 여유 없이 바쁘다. 곧바로 의료진이 태아를 데려다가 태지와 피를 닦고 손가락 발가락 수 그리고 체중을 확인한다. 탯줄을 자르고 시력을 보호하기 위해 눈에 항생제가 함유된 연고를 바른다. 어떤 경우 혈액 응고를 돕기 위한 비타민 K를 투여하거나 기타 필요한 접종을 하게 된다. 어차피 엄마도 후처리를 하느라 바쁘기 때문에 (태반 추출, 회음부 봉합 등) 너무 아쉬워할 필요는 없다.

10) 출산 후 엄마도 기저귀를 찬다

아기만 기저귀를 차는 게 아니다! 엄마도 출산 후에 오로(출산 후 질을 통해 나오는 혈액 및 분비물)가 계속 나오기 때문에 산모용 패드를 사용한다. 오로의 양이 적어지면 서서히 일반 생리대로 바꾼다. 어쨌든 민망하더라도 당분간은 기저귀를 차야 하니 미리 마음의 준비를 해두자. 눈에 넣어도 안 아플 예쁜 아기를 보면 산모용 패드고 뭐고 별로 신경 쓰지 않게 된다.

일반분만실과 가족분만실, 당신의 선택은?

이제 선택의 순간이 왔다. 자연분만을 하게 되었다면 일반분만실에서 출산할 것인가 가족분만실에서 출산할 것인가? 실제로 〈엄마의 탄생〉 출연자 여현수·정혜미 부부는 이 문제로 출산 직전까지 싸웠다. 일반실이냐 가족실이냐는 출산을 한 달 정도 남겨두고 전문가와 상의해서 결정하는 것이 좋다. 그럼 둘은 어떤 차이가 있을까?

1) 출산 동지들과 함께 하는 일반분만실

통상적으로 일반분만실에서 출산을 하게 되는 경우 분만 대기실에서 다른 산모들과 함께 진통을 하다가 출산이 임박하면 분만실로 이동해 출산하게 된다. 다른 산모와 함께 진통을 경험한다는 점에 위안을 받는 경우도 있지만, 모르는 사람들과 한 방에 함께 있는 것에 거부감을 느끼는 이들도 있다. 하지만 걱정할 필요 없다. 어차피 커튼으로 가려져 다른 사람은 보이지 않고 진통 때문에 옆 사람까지 신경 쓸 여력은 없을 테니까.

그렇다면 출산 과정을 함께 하지 못할까봐 걱정이 된다면? 병원에 따라서는 일반분만실이더라도 남편이나 주요 보호자를 동석할 수 있게 해주니 미리 병원과 상담하는 것이 좋다.

2) 진정한 가족으로 거듭나는 가족분만실

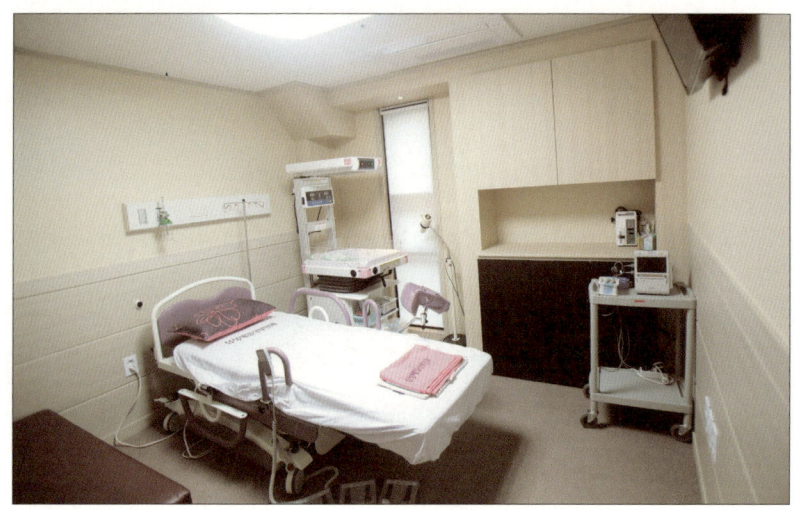

가족분만실

적나라한 모습을 노골적으로 보여주면서 진정한 가족으로 거듭난다(?)는 가족분만실. 가족분만실을 선택하면 진통부터 출산까지 한 방에서 이루어진다. 사실 많은 아빠들이 가족분만실에 대해 거부감을 갖는다. 아내에 대한 환상이 와르르 무너지진 않을까, 출산하는 모습을 내가 감당할 수 있을까 등의 걱정이 앞서기 때문이다. 하지만 아내의 출산에 함께 참여한 아빠들이 말로 표현할 수 없을 만큼 기쁨과 감동을 느꼈다는 통계자료에서 보듯이, 이건 기우일 뿐 출산의 감동은 훨씬 진하다.

가족분만실이 없는 병원도 있고, 예약이 불가능한 경우도 많아 (아기가 언제 나올지도 모르는데 무작정 예약을 할 수는 없는 노릇) 실제로 출산 당일 가족분만실에서 낳을 수 있을지는 알 수 없으니 참고하시길.

자연분만 VS 제왕절개

출산을 앞둔 예비 엄마들은 자연분만에 대한 환상을 갖기도 하고 제왕절개에 대한 막연한 기대감(진통 없이 출산을 할 수 있다, 관장을 하지 않아도 된다 등)을 갖기도 한다. 혹은 그 반대의 두려움을 가지기도 한다. 그렇다면 자연분만과 제왕절개, 무엇이 다를까?

	자연분만	제왕절개
특징	수술 없이 산모의 질을 통해 태아를 분만하는 방법.	산모의 복벽과 자궁벽을 절개해 태아를 꺼내는 방법.
출산 시간은?	진통 포함해서 초산인 경우 평균 8~12시간 이상, 경산인 경우 평균 6~8시간 이상이 소요된다.	5~10분이면 아기가 나오고 후처리까지 포함하면 약 한 시간 가량 소요된다.
출산하는 순간에 아기를 볼 수 있는가?	무통분만을 하더라도 의식이 있기 때문에 출산의 순간을 경험할 수 있다.	하반신 마취만 한 상태에서 제왕절개를 하는 경우도 있기 때문에 출산 직후 아기를 볼 수 있다. 하지만 전신마취를 해야 하는 경우는 어렵다.

언제부터 걸을 수 있나?	산모마다 차이가 있지만 대부분 출산 당일부터 걸을 수 있다.	출산 당일은 누워 있어야 하고 이튿날부터 걸을 수 있다. 경우에 따라서는 수일이 걸리기도 한다.
얼마 동안 입원해야 하나?	2~3일	3~5일
모유수유에 주는 영향은?	몸이 자연스럽게 준비된 시간에 출산을 한 것이기 때문에 모유수유에 성공할 확률이 높아진다.	제왕절개 후 모유수유를 못할 이유는 없다. 다만 젖이 도는데 시간이 좀 걸린다. 분만 후 3~4일 뒤면 젖이 돌기 시작한다.
출산 후 어디가 가장 아플까?	회음부를 절개한 경우가 많기 때문에 그 부위가 아플 수 있다. 한동안 앉을 때 회음부 방석(가운데가 뚫린, 도넛 모양의 방석)을 이용한다.	며칠 동안 수술 부위가 많이 아파 거동하기가 힘들다. 일주일 정도 뒤에 실밥을 제거하는데, 그때쯤이면 많이 회복된다. 그후로도 간헐적으로 묵직한 통증은 느낄 수 있다.

반드시 제왕절개가 필요한 경우

1) 태아가 거꾸로 있을 때(태아 머리가 위를 향해 있을 때).

2) 출산이 지나치게 지연되거나 진행이 되지 않을 때.

3) 태아 머리가 엄마 골반보다 클 때.

4) 양수기 터진 후 신모와 아기의 심장박동 수가 지나치게 증가할 때.

5) 태아가 스트레스를 많이 받을 때.

6) 엄마의 질이 감염되었을 때.

7) 전치태반일 때.

8) 기타 사유로 의사가 수술이 필요하다고 판단할 경우.

Q&A 예비 엄마를 위한 정보 대백과
"이런 것까지 궁금해?"

Q 막달이 되어 체중을 재보니 부쩍 늘었어요. 체중이 어느 정도 증가해야 정상인가요?

A 일반적으로 전체 임신 기간 동안 10kg 이상 증가하는 것이 정상이며, 산모의 체격에 따라 정상 범위는 달라질 수 있다. 다만 18kg 이상 증가했을 경우 임신성 당뇨 등에 대한 걱정이 있으니 꾸준히 건강 검진을 받는 것이 중요하다. 체중 증가가 정상범위인 경우 출산 직후 눈에 보이는 체중 변화가 없어도 크게 걱정할 필요가 없다. 대체로 출산 직후 체중이 급감하는 경우는 드물어 실망하는 산모가 많지만 모유수유 등을 통해 늦어도 1년 내로 정상 체중을 회복하며, 빠르면 3개월 이내에 원래 체중으로 돌아올 수 있다.

Q 출산 후에는 아무래도 외출이 어려울 것 같아 막달에 염색이나 파마를 하려고 해요. 막달인데 해도 될까요?

A 임신 16주가 지나면 태아의 여러 기관들이 완성되기 때문에, 사실 이 이후에는 염색이나 파마를 해도 무방하다. 단, 되도록 천연 성분의 염색약을 사용하는 미용실을 찾아가자. 그래도 불안하다면 의사와 상의하고 결정하면 된다.

Q 임신선이나 튼살은 출산 후에 없어지나요?

A 임신선이란 임신 기간 동안 배에 생기는 어둡거나 밝은 세로줄을 가리킨다. 임신 중에는 피부가 급격히 늘어나는데, 피부 아래에 있는 조직이 함께 늘어나지 못해 생긴다. 임신선은 대체로 출산 후에 서서히 사라지지만, 일반적으로 완전히는 사라지지 않는다. 튼살도 임신선과 비슷한 것인데, 배뿐 아니라 허벅지 등에 발생하기도 한다. 튼살은 붉은 색인 경우가 많고 시간이 지남에 따라 주변 피부색보다 밝은 색으로 변한다. 이 역시 완전히 사라지지 않는다. 임신선이나 튼살을 예방하기 위해서는 과도한 자외선 노출을 피하고 미리미리 크림으로 관리해야 한다.

Q 막달에는 어떤 검사를 받나요?

A 일단 자궁수축과 태아의 심박동수를 감지하는 태동검사를 받는다. 이는 태아가 정상적으로 발달했는지 여부와 자궁수축 정도를 확인하기 위한 것이다. 이 시기 가장 중요한 검사는 혈액 검사. 출산 중에는 500~1,000cc 가량의 출혈을 하게 되는데, 이에 대비해 빈혈 수치를 검사하는 것이다. 경우에 따라 생략하는 경우도 있지만 막달에

내진도 하게 된다. 이는 태아의 위치와 자궁경부의 상태를 확인해 산모가 정상 분만이 가능한지 알아보는 검사로, 분만시 응급상황에 대비하기 위한 과정이기도 하다.

Q 분만예정일이 넘어가니 조바심이 생겨요. 내 몸에 문제가 있거나 아기에게 문제가 있는 것은 아닐까요?

A 출산예정일에 아기가 태어날 확률은 얼마나 될까? 고작 5%밖에 안 된다. 특히 출산예정일보다 아기가 늦게 태어나는 경우, 실제로 늦게 태어나는 것이 아니라 예정일을 애초에 잘못 계산해서 그렇다는 연구결과도 있다. 의사와 상의를 해서 크게 문제가 없다면 보름 정도 기다려도 무방하다.

Q 그래도 조바심이 나요. 유도분만을 하면 안 될까요?

A 유도분만이란 자궁수축을 일으킬 수 있는 약물을 투여해 인위적으로 진통을 유발하는 시술이다. 결론적으로 얘기하자면, 아기를 빨리 만나기 위해 유도분만을 할 필요는 전혀 없다. 하지만 분만 예정일을 많이 넘긴 경우, 양수량이 많이 줄어든 경우, 아기가 더 이상 자라지 않는 경우 등에는 의사의 판단 하에 시술하게 된다. 전치태반이거나 전에 제왕절개를 했을 경우, 아기가 큰 경우 등 유도분만을 할 수 없는 여러 변수가 있으니 담당의와 상의하도록 하자.

Q 분만을 하기 전에 고기를 먹어야 하나요?

A 분만 때 힘을 내기 위해 고기를 먹어야 한다는 속설이 있는데, 이는 전혀 근거 없는 이야기다. 고기를 불필요하게 자주 섭취하면 오히려 지방 등이 몸에 쌓여 산모 건강에 영향을 미칠 수도 있으며, 출산 직전에는 긴급하게 수술할 경우 등을 대비해 식사를 가볍게 하거나 금식을 하는 것이 일반적이다. 꼭 먹고 싶으면 모를까 진통하면서 억지로 고기를 챙겨먹을 이유는 전혀 없다.

Q 자연분만을 해야 할까요, 제왕절개를 해야 할까요?

A 일반적으로 자연분만을 하고 의사의 소견이 있을 경우에만 제왕절개를 하는 것이 원칙이다. 진통을 피하기 위해 제왕절개를 선택하고 싶은 마음이 들 수도 있지만, 출산 후 회복 등을 고려하면 자연분만을 하는 것이 바람직하다. 다만 역아, 전치태반 등의 경우나 기타 사유로 의사가 수술이 필요하다고 판단하는 경우 무리하게 자연분만을 고집할 필요는 없다.

Q 병원에는 언제 가야 하죠?

A 진통 간격이 규칙적이며 점점 그 간격이 줄어든다면 병원으로 출발하자. 초산일 경우 진통 간격이 5~10분 정도가 되었을 때, 경산일 경우 10~20분 정도가 되었을 때 병원에 가야 한다. 만약 간격이 불규칙하고 진통이 완화된다면 가진통일 확률이 높다. 잘 확인해서 병원까지 갔다가 다시 돌아오는 헛수고를 하지 않도록 하자.

부록

엄마의 탄생 제작진이
추천하는 아빠태교

요즘 방송 예능 프로그램의 가장 큰 트렌드는 '육아' 그리고 '아빠'다. 시청자들은 아빠들이 육아에 적극적으로 참여하는 모습에 환호했다. 아마도 여성 시청자들은 남편과는 다른 아빠들을 보면서 응원했을 것이고 남성 시청자들은 자신과 비슷한 처지의 아빠들을 보며 안도했을 것이다. '아빠의 육아'가 예능 프로그램의 트렌드로 자리잡았다는 것은, 실제로 아빠들의 육아 참여가 거스를 수 없는 대세이자 새로운 현실이 되었음을 의미하는 것이다.

〈엄마의 탄생〉 역시 아이의 탄생을 다루지만 엄마, 아빠가 주인공인 프로그램이다. 주요 출연자인 '아기'가 주로 엄마 뱃속에 있는 데다 태어나더라도 말을 할 수 없는 신생아이기 때문이다. 프로그램의 첫 기획 당시에는 아빠들에게 임신, 출산과 관련해 전문적인 교육을 시키려 했다. 관련 자격증(조산사)에도 도전하는 방식을 생각해보다가, 여러 이유로 태교에 적극 참여하는 것으로 방향을 바꿨다. 지금 생각해도 탁월한 선택이었다. 출연자들의 이미지와는 상반된, 재미있는 장면들이 주로 아빠들의 태교 장면에서 많이 나왔기 때문이다. 이에 〈엄마의 탄생〉 제작진이 여러 시행착오(!)를 거쳐 검증한 아빠 태교 노하우를 공개한다. 참고로 아내들이 매우 기뻐한 방법인 것만은 확실하다. 아기들이 만족했는지는 잘 모르겠지만.

① 아빠의 첫 번째 역할은 엄마를 위로하는 일

아내로부터 임신했다는 말을 듣는 순간, 벅찬 감동과 동시에 가슴 한 구석에서 무언가 알 수 없는 두려움과 당황스러움이 느껴진다. 하물며 임신한 아내의 심정은 어떻겠는가? 어떤 일이 벌어나게 될지 알든 모르든, 앞으로의 9개월은 아득하게만 느껴질 것이다. 그래서 임신한 아내를 위로하고 정신적 안정을 유지할 수 있도록 도와주는 일이 무엇보다 중요하다. 아이를 위해서도 마찬가지다. 아이는 엄마의 뱃속에서 심장 박동과 목소리를 24시간 들으면서 생활한다. 엄마의 기분이 좋다면 다행이지만, 스트레스와 불안에 시달린다면 아이 역시 스트레스를 피할 수 없다. 아내의 임신 시기별로 남편들이 주의해야 할 점들을 간략하게 소개한다.

1개월	다행히 1개월에는 크게 신경 쓸 일은 없다. 아내가 냄새에 민감해지기 시작하고 기분이 시시각각 예민하게 변화한다는 것만 명심하자.
2개월	본격적으로 뱃속에서 아이의 몸이 만들어지기 시작하는 시기. 아내가 피로를 호소하기 시작한다. 여러분들이 헬스장에서 열심히 근육 운동을 한 직후를 생각하면 이해가 쉽다. 그동안 집안일과 거리가 멀었다면, 이제부터 내 일이라고 생각하며 집안일에 익숙해지도록 하자. 아내는 그 전에 입에도 대지 않던 음식들을 찾기도 한다. 언제라도 밖에 나갈 대비를 하고 있는 것이 좋다.
3개월	남편들이 본격적으로 입조심을 시작해야 하는 시기. 아내의 배가 불러오기 시작하기 때문이다. 아내는 이대로 영원히 살이 찌는 것은 아닌지 두려워하며 엄청난 스트레스를 받게 된다. 특히 주의해야 할 단어 '뚱뚱하다' '크다' '동그랗다' 등등. 대신 아이의 심장 박동이 들리기 시작하기 때문에 그에 대한 감격을 표현해준다면 금상첨화. 그리고 또 하나! 아내의 가스 분출이 잦아진다. 역시 모른 척 하는 것이 최선의 방법.
4개월	아내의 입덧이 사라지는 대신 남편의 모든 행동에 짜증을 내기 시작한다. 대처 방법은? 괜히 아내의 변덕스러움이나 예민함을 지적하지 말고, 시간이 잘 흘러가길 기도하자. 같이 가벼운 운동을 하는 것도 아내의 스트레스 해소에 도움을 줄 수 있다. 주의할 점! 같이 산책을 나갔을 때 다른 날씬한 여자를 쳐다보거나 생각없이 여자 연예인 이야기를 꺼내지 마시길. 괜한 부작용을 일으킬 수 있다.
5~6개월	아내의 식욕이 점점 왕성해지고 아이는 엄마의 심장박동과 목소리를 들을 수 있게 된다. 아기에게 아빠의 목소리를 들려주자. 25~27주차가 되면 아기의 귀가 완성되어 아빠의 목소리도 구별할 수 있게 된다. 출산 때 필요한 정보들과 주의할 점 등을 조금씩 공부하는 것도 좋다
6~8개월	아내의 배가 많이 불러왔지만 출산까지는 아직 더 기다려야 한다. 아내의 임신 기간 중 가장 시간이 느리게 느껴지는 시기. 아내가 다른 일에 신경 쓰지 못하게 되거나 수면에 어려움을 느끼는 경우가 많기 때문에 남편들도 이에 대비하는 것이 좋다.
9개월	드디어 분만실에 들어간다. 일단 마음의 준비를 단단히 해두는 편이 좋다. 아내가 고통 속에서 쏟아내는 말들은 마음에 담아두지 않는 편이 정신건강에 좋다. 아내가 구토 및 경련을 일으키거나 우는 경우도 있다. 여러 가지 일어날 수 있는 상황을 미리 알아두는 것이 좋다.

② 임신 5개월, 아이와의 교감을 시작할 시기

임신한 아내와의 관계에 어느 정도 익숙해졌다면 이제 뱃속의 아이와 교감을 시도해 볼 차례다. 아빠 태교의 기본은 역시 아기에게 아빠의 목소리를 들려주는 것. 아기는 엄마의 목소리와 교감하는 것에 익숙하지만 아빠는 저음이라는 장점을 가지고 있다. 아기는 귀로 듣기도 하지만 양수를 통해 머리로 전달되는 진동으로도 소리를 구별하기 때문에 아빠의 낮은 목소리는 아이에게 잘 전달된다. 또한 아기가 태어난 직후 달라진 환경에 빨리 적응하는 데 아빠의 익숙한 목소리가 도움을 주기도 한다.

아빠 태교의 꽃, 태교동화 읽기

〈엄마의 탄생〉에 출연한 거의 모든 아빠들은 프로그램 촬영 중 태교동화 읽어주기에 도전했다. 물론 평소에도 자주 읽어준다는 출연자들이 많았다. 그만큼 남편의 태교는 이제 당연한 일이 되었다. 하지만, 복병이 있었다. 바로 가수 강원래, 개그맨 김현철 씨 같은 상남자들. 집안일도 별로 하지 않고 집 안에서도 '갑'의 위치에 있는 남편들은 태교에 대해서도 무심한 경우가 많았다. 그러나 우리 제작진은 '남편'들을 교육시키고 시청자들에게 즐거움을 선사하겠다는 일념으로 포기하지 않았다. 결국 제작진과 아내 김송 씨의 끈질긴 제안에 강원래 씨도 태교 동화에 처음으로 도전했다. 무엇보다 아내 김송 씨가 남편의 처음(!) 보는 귀여운 모습에 가장 즐거워했다.

> **Tip** 아빠가 태교 동화를 읽어주는 동안 엄마의 감정 역시 고스란히 아이에게 전달되기 때문에 엄마가 관심을 가질 만한 내용이 좋다. 동화 외에 아내가 좋아하는 시나 소설, 아니면 노래를 불러주는 것도 효과적이다. 아빠가 읽어주는 이야기의 내용을 아기가 이해하는 것이 아니기 때문에 아빠의 감정이 전달되는 것이 중요하다. 무뚝뚝해 소리 태교가 어려운 아빠들에게 한 가지 희소식, 아기의 귀가 발달하는 5개월 이후부터 시작하면 되니 너무 어려워 말자!

부부간 금슬을 향상시키는 비법, 같이 운동하기

임신 기간 중 여성을 가장 괴롭히는 일 중 하나는 운동이다. 남성들이 흔히 하는 오해 중 하나는 여성들이 임신 기간에는 가만히 있어도 된다고 생각하는 것이다. 오히려 35세 이상의 고령 임산부들에게 임신 기간 중 적당한 운동은 필수다. 임신 기간 중 여성의 몸은 가뜩이나 무거워지고 팔다리는 쑤시고 저리기 마련이다. 생각해보라. 평소에 잘 하지도 않는 운동을 하려니 얼마나 고역이겠는가. 이때 가장 필요한 사람이 바로 남편! 아내의 운동을 돕거나 같이 운동하는 시간이 늘어날수록, 곁에서 체감할 수 있을 정도로 아내의 몸과 마음이 편해질 것이다.

〈엄마의 탄생〉 출연자들은 자신들의 취향에 맞춰 다양한 운동에 도전했다. 임호·윤정희 커플과 여현수·정혜미 커플이 부부요가를 체험했고 강원래·김송 커플은 수영을 선택했다. 요가는 신체적인 효과 외에도 부부 간 스킨십을 통해 임신 기간 중 다소 어색해질 수 있는 부부 관계를 회복시켜주기도 한다. 수영은 임산부들의 허리 통증, 손발 저림 등을 완화하고 관절에도 무리를 주지 않는다. 단연코 임신 중 할 수 있는 가장 좋은 운동이다.

> **Tip** 임신 기간의 운동은 태아에게도 도움이 된다. 운동으로 혈액 순환이 활발해지면 태아에게 전달되는 산소와 혈액공급이 원활해지면서 뇌를 발달시킬 뿐 아니라, 노폐물의 배출에도 도움이 되기 때문이다. 그러나 포인트는 무리하지 않는 것. 등산, 자전거 타기는 임산부에게 좋지 않으니 피하도록 하자.

아빠들에게 주어진 마지막 기회, 태교여행

9개월이라는 기간은 엄마들에게만 긴 시간이 아니다. 아빠들도 하루하루 위기를 넘기며 견뎌내야 할 때가 있다. 그런 아빠들을 위한 최강 팁, 바로 태교여행이다.

이제는 임신 시기의 외출, 여행에 대한 인식이 많이 바뀌고 있어 태교여행도 전혀 유별나게 보이지 않는다. 반대로 말하면 남편들이 점점 준비할 것이 많아진다는 뜻!

〈엄마의 탄생〉 출연자 가운데서도 태교여행을 떠났던 모든 커플이 만족스러워했다. 아내들은 달라진 환경 때문에 지루했던 일상과 몸의 불편을 잠시 잊었고, 남편들도 즐겁고 편안한 시간을 보냈던 것. 여행 전후 부부의 사이가 눈에 띌 정도로 달라져 제작진들도 이후 편하게 촬영할 수 있었다. 태교여행도 역시 아기보다는 지루하고 힘든 임신 기간을 보내는 아내들을 위로하기 위한 것이다. 아내를 위한 태교 여행을 준비해보자.

tip) 멀리 태교여행을 갈 여유가 없다면 가볍게 분위기를 전환하는 이벤트를 만들어보는 것도 좋다. 아내의 몸이 다소 편해지는 임신 5~7개월은 무언가를 시도해보기 좋은 시기다. 연애, 신혼 때 추억을 살려볼 수 있는 데이트 장소를 방문하거나 출산 직전까지 이벤트를 만들지 못했다면 아내의 친구들을 초대하는 베이비 샤워(출산 전 임산부를 축하해주는 파티, 선물 및 육아 관련 정보 공유)를 열어주는 것도 좋다.

알뜰하게 출산하자 - 뭐니? 머니!

	검사 내용	금액	
		산부인과	보건소
산전검사	일반초음파(병원 방문 때마다 실시)	2~3만 원	
	4개월 1차 기형아 검사: 초음파 검사 (목둘레 검사)	8~12만 원	
	5개월 2차 기형아 검사: 트리플 검사, 쿼드 검사	1~2만 원 2~3만 원	무료
	6개월 정밀 초음파 검사, 양수검사, 태아 심장초음파(심에코) 검사	8~12만 원 60~100만 원 15~20만 원	
	7개월 임신성 당뇨 검사	2~3만 원	무료
산전검사	자연분만시 입원비(1박2일~2박3일) 가족분만실, 일반분만실 사용비용 무통분만시술 비용	30~40만원	
	제왕절개시 입원비(2박3일~4박5일) 수술비	70~90만원	
출산 후	출산직후 예방접종(B형 간염 1차)	어린이 국가예방접종 지원사업 (13종 필수예방접종 접종비 무료)	
	신생아청력검사 선천성 대사이상검사 신생아 유전체 선별검사(G-스캐닝)	5만 원 8~10만 원 (6종 무료지원) 25만원	무료 쿠폰 발급

배냇저고리 만들기

재료 : 배냇저고리 원단 1개, 배냇저고리 끈 1개, 실 1개, 라벨 1개

1. 밑단 공그르기 하기

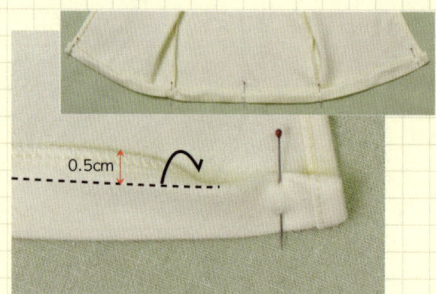

밑단 끝 부분을 0.5cm 접어 넣고, 시침핀으로 고정합니다. 공그르기를(실 2겹) 하여 밑단을 예쁘게 만들어 줍니다.

2. 옆선 홈질하기, 안쪽 저고리끈 달아주기

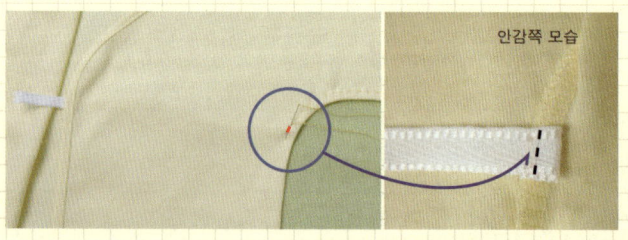

시접 0.5cm 안쪽으로 점선 부분을 홈질(실 2겹)합니다. 홈질하다가 오른쪽 겨드랑이 부분에 끈 하나를 끼워놓고, 함께 홈질(실 2겹)합니다.

3. 저고리 끈 달기 a~b

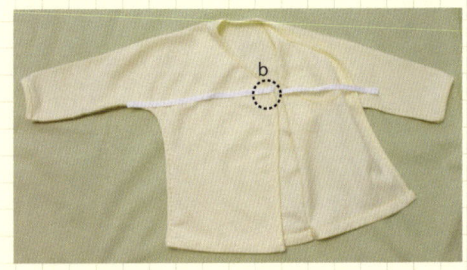

끈 a와 일직선 상에 있도록, 끈 b를 사진과 같은 위치에 박음질합니다.

4. 저고리 끈 달기 c~f

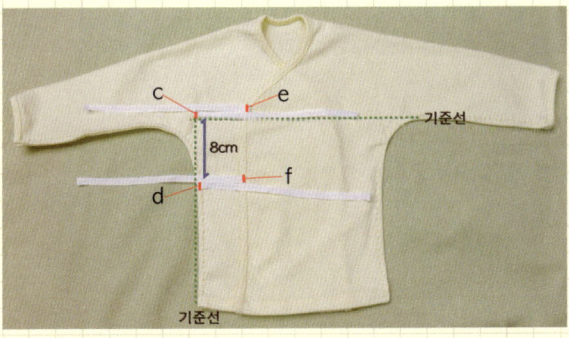

먼저 끈 c 와 끈 d를 박음질로 달아줍니다. 그리고, 끈 e 와 끈 f를 박음질로 달아줍니다. 박음질을 촘촘하고 튼튼하게 해 주셔야 좋습니다.

• 상세 설명은 www.nanddong.com을 참고하세요.

땅콩 침대 만들기

재료 : 침대 바디 원단(앞장1,뒷장1), 침대 바디 안쪽 원단(워싱 무형광 광목 원단 2장), 손잡이 원단, 단추고리 끈 원단(앞장1, 뒷장1), 단추 2개

1. 손잡이와 끈 원단 재단하기

2. 손잡이 만들기

3. 끈 만들기

4. 침대 원단 순서대로 놓기

5. 손잡이와 끈 끼워박기

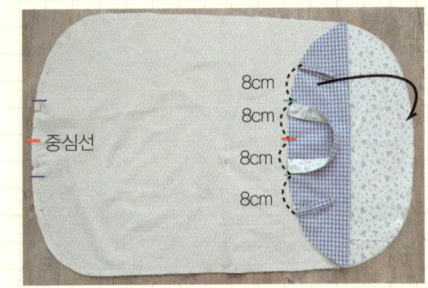

6. 침대 가운데 부분 솜 넣기

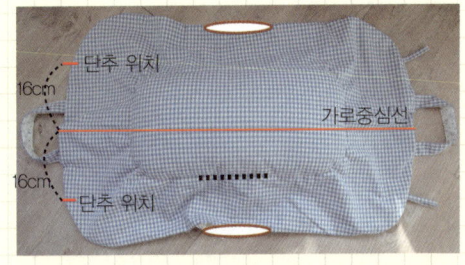

7. 침대 가장자리 부분 솜 넣기

8. 단추달기

9. 완성

• 상세 설명은 www.nanddong.com을 참고하세요.

epilogue

본인도 모르게 프로그램에 처음 영감을 불어넣어준 H씨, 물심양면으로 신경 써주신 개발실 형님들(?), 그리고 프로그램 시작까지 몇달 동안 꿋꿋이 기다려준 모든 스태프 분들 고맙습니다.
― 허양재 피디

지금까지 〈엄마의 탄생〉을 거쳐 간 많은 출연자들과 뒤에서 묵묵히 수고를 아끼지 않은 제작진 모두에게 감사를 드립니다. 아울러 이 프로그램의 최고 팬인 우리 아들과 딸, 그리고 남편에게 고마움을 표합니다.
― 오은일 피디

작은 '점'을 걷고 말하고 컴퓨터 자판을 두드릴 수 있는 지금의 '나'로 만들어 준 분, 올해 70번째 생일을 맞이한 김현순 여사에게 이 책을 바칩니다.
― 유진영 작가

어느덧 프로그램을 한 지 일 년이 됐네요. 나이만 먹었지 출산, 육아에 아무 관심 없었는데 프로그램을 통해 많은 걸 배웠습니다. 아마 초보 엄마, 아빠들도 그러실 거라 생각해요. 1월에 태어난 장하디 장한 조카 동동이에게 이 책을 바칩니다.
― 동동 고모

생애 가장 귀하고 아름다운 순간들을 함께 하도록 허락해준 '지아네' 여현수 정혜미 부부, 정말 고마워요. 박대성 굴사남 부부께도 감사드립니다. 옆에서 힘이 되어주는 내 친구 박지은, 김승우야 고맙다. 늘 응원해주는 작가 동료들과 엄마 아빠, 경훈, 고은, 순돌이, BIFF친구들, 그리고 배한준 씨 감사합니다. 마지막으로, 함께 고생한 〈엄마의 탄생〉팀! 사ㄹ… 아니 좋아합니다.
― 이나래 작가

전 아기한테 관심도 없었습니다. 사실 좋아하지도 않았습니다. 그러던 제가 요즘은 길거리에서, 엘리베이터에서, 슈퍼에서 모르는 아기를 만나면 "안녕? 까꿍?" 이러고 있네요. 이게 다 〈엄마의 탄생〉 덕분입니다. 이렇게 변하기까지 가장 큰 도움을 준 원래오빠와 송언니, 특히 선이에게 고맙습니다. (선이야 누나를 잊지 말아다오. 제발~~) 그리고 옆에서 항상 응원해주는 사랑하는 나의 가족들과 친구들, 〈엄마의 탄생〉을 함께하는 제작진께도 감사 인사드립니다. 곧 출산을 앞두고 계신 모든 분들 순산하십시오. 순풍순풍! — 이지나 작가

임신, 출산은 먼~ 일이라고만 생각했던 제가, 어느덧 네 번째 아기 탄생을 함께하게 되었습니다. 눈과 귀로 배운 지식으로 '엄마인 듯 엄마 아닌 엄마 같은' 미혼녀가 되었네요. 세상의 모든 엄마들, 정말 위대하십니다! 먼저 임호 윤정희 님, 선함이, 지범이, 땡글이 준서 그리고 김은주 실장님, 염경환 서현정 님, 은률이, 꼬물이 은우, 서정국 노수자 아버님 어머님, 홍지민 도성수 님, 김유옥 장석중 여사님, 도로시까지 모두 깊은 감사드립니다. 또 함께 고생하는 작가님들, 피디님들, 곁을 지켜주는 친구들, 사랑하는 내 사람들 그리고 가족과 고마운 내 동생, 모두모두 '감사x2'를 드려요. 마지막으로 '1박 2일' 대장정을 통해 저를 탄생시켜준 엄마 아빠께 이 책을 바칩니다. — 김다미 작가

〈엄마의 탄생〉을 하면서 임마는 나를 임신했을 때 뭐가 먹고 싶었는지, 난 언제 말을 시작했는지 엄마, 아빠께 물어보는 날이 많아졌습니다. 다 큰 딸이 부모님께 한 걸음 더 다가갈 수 있는 시간을 주셔서 감사합니다. 엄마 아빠 덕분에 항상 웃을 수 있어요, 두 분은 나의 자부심이에요. 할머니들 건강하세요. 세상에서 제일 좋은 우리 민아언니랑 코난이, 코봉이, 내게 일어나는 모든 일에 공감해주는 친구들, 〈엄마의 탄생〉을 함께한 팀원들 감사합니다. — 박세이 작가